Maria Liliana Costin

TEHNOLOGIA
IDENTIFICĂRII BIOMETRICE

Iaşi
2013

TEHNOLOGIA IDENTIFICĂRII BIOMETRICE
Maria Liliana COSTIN

Editat cu sprijinul MINISTERULUI EDUCAȚIEI NAȚIONALE.

Copyright Editura Lumen, 2013
Iași, Țepeș Vodă, nr.2

Editura Lumen este acreditată CNCS

edituralumen@gmail.com
prlumen@gmail.com

www.edituralumen.ro
www.librariavirtuala.com

Redactor: Roxana Demetra STRATULAT
Design copertă: Roxana Demetra STRATULAT

Descrierea CIP a Bibliotecii Naționale a României
COSTIN, LILIANA
    Tehnologia identificării biometrice / Liana Costin. –
Iași : Lumen, 2013
    ISBN 978-973-166-363-0

57.087.1(075.8)

Maria Liliana Costin

TEHNOLOGIA
IDENTIFICĂRII BIOMETRICE

Iaşi
2013

Cuprins

Introducere

I.1. Motivaţie

După numeroase progrese şi ani de cercetări, domeniul biometriei rămâne la fel de interesant şi se îmbogăţeşte cu fiecare nouă tehnologie care apare.

Aplicaţiile biometriei se regăsesc atât în sectorul guvernamental, cât şi în cel privat în domenii precum lupta împotriva terorismului sau combaterea fraudelor prin furtul identităţii.

Sistemele biometrice se situează la graniţa dintre om şi maşină şi includ: suport hardware(computere, echipamente de reţea), politici şi proceduri aplicate, iar toate acestea la un loc trebuie să contribuie la îmbunătăţirea proceselor economico-sociale în slujba cărora au fost realizate.

„Tehnologiile biometrice" sunt metode automate de verificare şi recunoaştere a identităţii unei persoane în viaţă bazată pe caracteristici fiziologice şi comportamentale[1],[2]

Termenul de "autentificare biometrică" [JRN11] este abreviat deseori ca "biometrie" şi desemnează utilizarea computerelor pentru recunoaşterea persoanelor, în ciuda similitudinilor dintre aceştia şi a particularităţilor individuale. Biometria poate "lega" o persoană de caracteristicile biometrice

---

[1] B. Miller, Everything you need to know about biometric identification. Personal Identification News 1988 Biometric Industry Directory, Warefel&Miller, Inc., Washington DC, January 1988
[2] J. Wayman, A definition to biometrics National Biometric Center Colected Works 1997-2000, San Jose State University, 2000

individuale, de datele sale de identificare cât şi de atributele personale (vârstă, sex, profesie, naţionalitate) stocate la momentul înregistrării sale în sistem.

Caracteristicile biometrice cele mai utilizate pentru identificarea automată sunt:

- amprenta digitală;
- vocea;
- irisul;
- retina;
- geometria mâinii;
- scrisul de mână;
- dinamica apăsării tastelor computerului;
- forma degetelor.

Orice caracteristică biometrică trebuie să aibă 5 calităţi: robusteţea, unicitatea, disponibilitatea, accesibilitatea şi acceptabilitatea.[3],[4]

Robusteţea – caracteristica se păstrează de-a lungul vieţii şi se măsoară prin „false non-mach rate" (rata falselor nepotriviri sau eroare de tip 2).

Unicitatea – caracteristicile indivizilor variază de la unul la altul şi se măsoară prin „false match rate" (rata falselor potriviri sau eroare de tip 2).

---

[3] J. Wayman, Fundamentals of biometric authentication technologies. Int. J. Imaging and Graphics, 1 (1), 2001

[4] J.L.Wayman, Technical testing and evaluation of biometric identification devices, in A.Jain, et. Al.(eds) Biometrics: Personal Identification in Networked Society. Kluwer Academic Press, 1999.

Disponibilitatea – să fie deţinută de toate persoanele şi se măsoară prin „failure to enroll" (probabilitatea ca un utilizator să nu poată să prezinte acea caracteristică măsurabilă cerută de sistem).

Accesibilitatea – să fie uşor de citit cu ajutorul senzorilor electronici şi se măsoară prin „throughput rate" (măsoară numărul de indivizi care pot fi procesaţi intr-o unitate de timp –minut sau oră).

Acceptabilitatea – persoanele nu sunt reticente la a li se preleva şi stoca aceste caracteristici.

Este imposibil de stabilit caracteristica biometrică cea mai bună/recomandată pentru toate aplicaţiile, tehnologiile şi pentru întreaga populaţie. Totuşi anumite caracteristici biometrice sunt mai potrivite decât celelalte în diverse aplicaţii, iar administratorii acestor sisteme trebuie să analizeze cu mare atenţie specificul lor.

I.2. Scopul cercetării

Utilizarea pe scară din ce în ce mai largă a metodelor biometrice de identificare în lume, dar şi perspectiva imediată a introducerii documentelor de identificare cu componente biometrice în România reprezintă principalele elemente care au condus la elaborarea prezentei cercetări. La nivel mondial aplicaţiile metodelor de identificare bazare pe metode de recunoaştere biometrice sunt în special în domeniile: controlului frontierelor, controlul vamal, accesul în zone securizate sau în aplicaţii ale instituţiilor guvernamentale sub forma bazelor de date cu amprente digitale. În România, există deja cadrul legislativ pentru eliberarea pașapoartelor biometrice, dar și al altor documente, cum ar fi cartea de identitate, iar în viitor permisul auto. Utilizarea metodelor biometrice s-ar putea extinde în viitor asupra comerțului electronic și mai ales a operațiunilor cu carduri bancare. În afara programelor naționale de implementarea metodelor biometrice sectorul guvernamental poate folosi astfel de metode și în alte instituții: aziluri sau penitenciare, iar în aceste cazuri metodele de recunoaștere clasice se pot completa cu recunoașterea pe baza amprentei digitale, a irisului sau altele mult mai aproape de percepția umană, cum sunt recunoașterea facială sau a vocii.

Dacă adoptarea biometriei ca parte componentă a vieții cotidiene este controversată și prezintă riscuri, folosirea acestor metode în cadru mai restrâns, la nivel de instituție, respectiv metodă complementară de recunoaștere este de dorit și de un real folos. Trebuie doar să ne imaginăm ce revoluție tehnologică ar însemna dacă, spre exemplu computerul personal ar putea să scrie după dictare în limba română. Deși astfel de încercări există, în special pentru limba engleză, totuși performanțele unui astfel de software pot fi mult îmbunătățite. Același lucru putem afirma și despre recunoașterea facială, care nu are performanțele dorite din foarte multe motive legate de condițiile de mediu, de schimbarea fizionomiei feței sau de algoritmii folosiți.

O altă faţetă a problematicii complexe a biometriei este asigurarea vieţii private a cetăţenilor. Frica de pierderea intimităţii este justificată din mai multe motive:

• implementarea metodelor biometrice în cadrul documentelor de identificare s-a făcut fără consultarea opiniei publice, deci populaţia nu a fost suficient informată;

• adoptarea în activităţile de comerţ şi producţie a cipurilor RFID, în locul codurilor de bare creează suspiciunea că toate produsele cumpărate pot fi urmărite, scanate şi înregistrate în baze de date, în strânsă legătură cu posesorul acestora, respectiv cu cardul său bancar;

• existenţa celui mai pesimist scenariu, că cipurile RFID pot fi implantate şi oamenilor;

Prezenta lucrare îşi propune să realizeze o sinteză a celor mai importante metode biometrice, cu atât mai mult cu cât în prezent, în literatura de limbă română există un număr restrâns de lucrări care tratează metodele biometrice, iar aplicabilitatea propusă, pentru fiecare dintre acestea este adaptată în funcţie de mai multe criterii, cum sunt: riscurile pe care le implică, precedentul pe care îl creează, adevărata lor performanţă, rata de eroare cu care funcţionează şi nu în ultimul rând considerente morale şi de etică.

Capitolul 1 Biometria – componentă a sistemelor de autentificare

1.1. Biometria la intersecția dintre om, tehnologie și credință

Biometria[5] (în limba greacă bios = viață, metron = măsură) se referă la două domenii diferite de studiu și aplicații. Primul este cel mai vechi și folosit în studiile biologice, inclusiv studii referitoare la domeniul forestier pentru sinteze, analize și managementul datelor cantitative obținute pentru comunități biologice cum ar fi pădurile. Mult mai recent și deja mult mai cunoscut, termenul biometrie include studii ale metodelor de recunoaștere a persoanelor bazate pe măsurători fizice sau măsurători de comportament.

„Tehnologiile biometrice" sunt metode automate de verificare și recunoaștere a identității unei persoane în viață bazată pe caracteristici fiziologice și comportamentale [MILL88], [WAYM00].

Termenul de "autentificare biometrică" este abreviat deseori ca "biometrie" și desemnează utilizarea computerelor pentru recunoașterea persoanelor, în ciuda similitudinilor dintre aceștia și a particularităților individuale. Biometria poate "lega" o persoană de caracteristicile biometrice individuale, de datele sale de identificare cât și de atributele personale (vârstă, sex, profesie, naționalitate) stocate la momentul înregistrării sale în sistem.

---

[5] http://ro.wikipedia.org/wiki/Biometrie

Sistemele biometrice se situează la graniţa dintre om şi maşină şi includ: suport hardware(computere, echipamente de reţea), politici şi proceduri aplicate, iar toate acestea la un loc trebuie să contribuie la îmbunătăţirea proceselor economico-sociale în slujba cărora au fost realizate.

Faptul că automatizarea se referă la caracteristicile fiziologice şi comportamentale ale persoanelor induce o mare problemă legată de păstrarea secretului vieţii private, existând suspiciunea că toate datele de acest gen pot fi folosite pentru a îngrădi însăşi libertatea individului.

În România s-au adoptat o serie de acte normative menite să realizeze trecerea de la actele de identitate în forma pe care o ştim azi, la cele biometrice (cu cip), însă acest proces a fost iniţiat fără a se realiza o dezbatere publică în prealabil. Necesitatea consultării societăţii civile în problema introducerii elementelor biometrice în actele de identitate din România este evidentă prin prisma îngrijorării exprimate prin intermediul dezbaterilor, a websiteurilor specializate sau chiar prin vocea Bisericii Ortodoxe Române. Aceasta din urmă nu consideră adoptarea elementelor biometrice ca pe un rău în sine, ci îşi exprimă temerea folosirii acestor mijloace în scopul stocării unui volum prea mare de date personale şi utilizării lor în detrimentul vieţii private a indivizilor.

Întrebările care se nasc în acest context sunt: care sunt limitele adoptării acestor tehnologii, care este gradul de siguranţă al datelor stocate pe cip-uri sau în baza de date, care sunt consecinţele furtului identităţii indivizilor, cât sunt de sigure sau de vulnerabile în fața amenințărilor, în ce măsură influențează viața privată a cetățenilor?

1.2. Modelul unui sistem biometric

1.2.1. Colecția de date

Datele biometrice stocate sunt comportamentale și fiziologice, iar felul în care sunt "prezentate" senzorului biometric este distinct de la un utilizator la altul, de la un cititor la altul, de la o aplicație la alta. Datele care rezultă sunt stocate în baze de date, iar tipul și alegerea acestora se află în strânsă legătură cu sistemul care se dorește a fi implementat [WJMM05].

1.2.2. Transmiterea datelor

În cazul în care datele sunt colectate la distanță față de locul stocării, transmiterea datelor este o etapă foarte importantă. În aceste cazuri compresia datelor este foarte importantă pentru a economisi spațiu și lățime de bandă, dar duce și la pierderea calității datelor.

Sistemele deschise, în plus, trebuie să folosească aceleași metode de compresie, de exemplu: Wavelet Scalar Quantisation pentru compresia amprentelor digitale, JPEG pentru imaginile faciale și Code Excited Linear Prediction pentru date de tip voce.

1.2.3. Procesarea semnalului

Se realizează în patru etape:

15

a. Segmentarea-realizează extragerea informaţiei propriu-zise din ansamblul transmis, spre exemplu în recunoaşterea facială este necesară regăsirea "limitelor" feţei, iar în recunoaşterea vorbirii trebuie să se facă diferenţa între intervalele de timp în care există sau nu semnal util;

b. Extragerea caracteristicilor-este partea cea mai spectaculoasă a întregului proces şi constă în eliminarea informaţiei redundante, inutile, nesemnificative sau distorsionate. Informaţia utilă se regăseşte în forma şabloanelor ("pattern" – urilor) şi sunt exprimate cu ajutorul modelelor matematice prin intermediul caracteristicilor ("features"). Extragerea caracteristicilor este modalitatea non-reversibilă de comprimare, ceea ce înseamnă că imaginea originală nu poate fi reconstruită;

c. Controlul calităţii trebuie să asigure o calitate suficient de bună a datelor. În ultimii ani s-au făcut progrese din punctual de vedere al verificării acestei calităţi, chiar la momentul când utilizatorul este încă in faţa senzorului respectiv;

d. Regăsirea/identificarea "amprentei" se face după procesare/comprimare. Datele sunt folosite fie pentru stocarea lor iniţială în baza de date, fie sunt folosite ca element de comparaţie pentru verificări ulterioare.

1.2.4. Stocarea datelor

Datele sunt reprezentate sub forma unui "model", în cazul sistemelor de recunoaştere a vorbirii şi recunoaşterii faciale, iar în cazul recunoașterii amprentei digitale, irisului sau geometriei mâinii sub formă de "șabloane" ("templates"). Datele sunt comparate unu-la-unu în cazul în care datele sunt stocate pe smart-card-uri în posesia utilizatorului sau în baze de date, situație în care sunt comparate unu-la –mai –mulți. Pentru cazurile în care bazele de date sunt extreme de mari se poate utiliza o împărțire pe sub-seturi sau o indexare după o structură adecvată.

1.2.5. Regăsire datelor

Decizia este etapa în care se realizează potrivirea/ regăsirea sau nu a "amprentei", în funcție de diferența sau similitudinea cu proba din baza de date. Politica după care se iau deciziile în cadrul sistemului este stabilită de către managementul acelui sistem. Politica optimă a sistemului depinde de: statistica comparațiilor șabloanelor ("pattern-urilor"), rata falselor potriviri și nepotriviri și probabilitatea "a priori" ca un utilizator să fie un impostor.

1.3. Clasificarea tehnologiilor biometrice

Clasificarea utilizării sistemelor biometrice după comparate pozitivă sau negativă:
 • cele în care caracteristica prezentată de către un individ este cunoscută sistemului și se numește „identificare pozitivă";
 • cele în care caracteristica furnizată nu este cunoscută sistemului și se numește „identificare negativă".

17

Identificare pozitivă	Identificare negativă
Amprenta este cunoscută sistemului	Amprenta nu este cunoscută sistemului
Previne înregistrarea mai multor utilizatori cu o singură identitate	Previne folosirea multiplelor identităţi ale unui singur utilizator
Nu necesită neapărat stocarea centralizată a "amprentelor"	Necesită stocarea centralizată a amprentelor
Resping un utilizator dacă nu există potrivirea "amprentei" cu un şablon din baza de date	Sistemul respinge un utilizator dacă "amprenta" sa se potriveşte cu un şablon din baza de date
"Falsa potrivire" duce la "falsa acceptare"	"Falsa potrivire" duce la "falsa respingere"
"Falsa nepotrivire" sau "imposibilitatea regăsirii" duce la o "falsă respingere"	"Falsa nepotrivire" duce la "falsa acceptare"
Există metode alternative de identificare	Nu există metode alternative de identificare
Poate fi utilizată voluntar	Trebuie să fie obligatorie pentru toţi
Sistemul poate fi "înşelat" prin furnizarea caracteristicilor biometrice ale altcuiva	Sistemul poate fi "înşelat" prin furnizarea caracteristicilor biometrice ale altcuiva sau prin omiterea totală a furnizării lor

Tabel 1.1. Clasificarea tehnologiilor biometrice în funcţie de tipul identificării

Un alt criteriu împarte sistemele biometrice în două categorii:

• sisteme care verifică identitatea invocată de către un utilizator;

• sisteme carte verifică faptul că acea identitate nu este înregistrată.

18

După numărul de probe comparate sistemele biometrice:

- realizează comparația cu o singură „amprentă" existentă în sistem și produce „verificarea";
- realizează compararea cu un set de „amprente" și realizează "identificarea".

După felul în care sunt aduse sau nu la cunoștința utilizatorilor folosirea mijloacelor de identificare, sistemele se împart în:

- „la vedere" în cazul în care utilizatorii sistemului cunosc faptul că se folosește un indicator de natură biometrică la momentul verificării/identificării. Metoda aceasta este folosită de cele mai multe ori în aplicații de genul control al accesului și în aplicații de natură juridică;
- „sub acoperire" în cazul în care utilizatorii sistemului nu cunosc faptul că se folosesc metode biometrice. Asemenea metode se folosesc de cele mai multe ori în cazul urmăririi judiciare.

După felul în care utilizatorii sunt sau nu obișnuiți cu metodele de identificare biometrice avem:

- aplicații biometrice cunoscute de utilizatori și sunt de regulă acelea care sunt folosite pentru securizarea unor sectoare de activitate, iar observațiile au arătat că acomodarea utilizatorilor cu un astfel de mediu de lucru durează în jur de o săptămână;
- aplicații cu care utilizatorii nu sunt obișnuiți și sunt în general acelea folosite la diverse evenimente.

După felul cum sunt asistate de către factorul uman, aceste sisteme biometrice de verificare/identificare sunt:

• asistate și coordonate de către personalul de specialitate al sistemului, iar marea majoritate sunt din această categorie;

• neasistate sunt acelea care nu necesită intervenția personalului de specialitate.

După caracteristicile ambientale, aplicațiile biometrice sunt:

• standard astfel încât condițiile ambientale sunt controlate și menținute la valori stabile, de exemplu: presiune – 1 atmosferă, temperatură 20^0 C și iluminat în condiții prestabilite;

• non-standard în condiții de iluminat interior „necorespunzător " sau în aer liber.

• După felul în care sistemul biometric interacționează cu alte sisteme, în sensul schimbului de informații, sunt:

• sisteme „deschise" care pot interacționa cu altele prin furnizarea sau obținerea de „informații biometrice". În aceste cazuri sunt importante adoptarea unor standarde în ceea ce privește formatul datelor, compresia lor cât și alte măsuri;

• sisteme „închise" care nu interacționează cu altele și nu necesită adoptarea de standarde.

Capitolul 2 Tehnologia identificării prin amprente digitale

2.1. Istoricul

Dovezi ale folosirii acestei metode datează din China antică, Babilon şi Asiria încă din anul 6000 Î.H. [BERR94].

În anul 1686 Marcelo Malpighi, profesor de anatomie la Universitatea din Bologna constata faptul că o amprentă digitală conţine: creste, spirale şi arce, dar nu face nicio referire la utilizarea lor în scopul identificării [COLE01].

John Purkinji profesor la Universitatea Breslau arăta in anul 1823 că există nouă tipuri de şabloane, dar nu face nici acesta nicio referire la posibilitatea folosirii acestora în identificarea biometrică [PURK1823].

Alphonse Bertillon, un angajat al poliţiei din Paris şi fiu al unui antropologist, a dezvoltat în anul 1880 un sistem care îi poartă numele şi care era dedicat identificării indivizilor. Antropometria este un sistem de identificare al indivizilor după măsurile corporale: înălţime, greutate, lungimea braţelor, picioarelor, degetelor, etc. Sistemul a dat greş intr-un caz celebru a doi deţinuţi de la Penitenciarul Leavenworth ambii cu numele William West, care aveau măsuri aproape identice. Bertillon a calculat probabilitatea producerii unui astfel de eveniment ca fiind unul la patru milioane.

Sir William Herschel - magistrat şi judecător şef de origine britanică în Joogipoor India a folosit amprentele palmare pentru a certifica contractele încheiate de băştinaşi bazându-se mai mult pe superstiții decât pe fapte științifice. Pe măsură ce colecția sa creștea își dădea seama că acestea puteau fi folosite și la validarea identității.

Doctor chirurg în Japonia, Henry Faulds arăta în anul 1870, după ce a studiat amprentele digitale de pe vasele de lut străvechi, recunoștea potențialul folosirii amprentelor digitale în scopul identificării indivizilor. De asemenea, a rămas cunoscut și pentru recunoașterea primei amprente pe o sticlă de alcool. În anul 1880, a trimis lui Charles Darwin sistemul propriu de clasificare și înregistrare, care la rândul său l-a trimis vărului său antropologul Francis Galton. Acesta, la rândul său a început studierea sistematică a amprentelor ca un mijloc de identificare în anul 1880 [GALT1888]. În anul 1892 a publicat prima carte denumită sugestiv „Fingerprints" (Amprente digitale), în care a adăugat dovezi științifice la ceea ce Herschel și Faulds au suspectat și anume că amprentele digitale sunt permanente și că nu există două identice ori că probabilitatea acestui lucru este de 1 la 64 de miliarde. Galton a realizat un sistem de clasificare a amprentelor denumit „tipuri de șabloane Galton", „detaliile lui Galton" sau „minutiae".

Juan Vucetich - ofițer de poliție argentinian, în anul 1891, a folosit sistemul lui Galton pentru a preleva amprente digitale folosind sistemul lui Galton. În anul 1892, Vucetich a realizat prima identificare a unui criminal când a dovedit apartenența unei amprente cu sânge a acestuia.

Sir Edward Henry –ofițer de poliție britanic în India, a realizat în 1897 o clasificare a amprentelor digitale folosind observațiile lui Galton. Acest sistem a fost adoptat în 1901 de către Scotland Yard și este încă folosit în țările vorbitoare de limbă engleză.

2.2. Sistemele manuale de stocare ale amprentelor

Au existat 2 tendințe:

- în țările Americii Latine (Argentina) a fost impus de către Juan Vucetic;
- în țările Anglo-saxone a fost folosit sistemul creat de către Sir Edward Henry (cu precădere în U.K.).

În sistemul Henry se atribuie pondere amprentelor în funcție de spirala existentă pe șabloane. Se sumau aceste cifre atribuite pentru mâna stângă, respectiv dreaptă, se calcula 1.024 de asemenea combinații. Se mai asociau litere acestor detalii, litere mari pentru index și litere mici pentru celelalte degete. Această clasificare se combină cu cea numerică pentru a genera subgrupe în cadrul celor 1.024 de posibilități. Fiecare astfel de grupă este ținută în dosare separate și eventual în sertare separate, în funcție de numărul lor. Se ridicau, în aceste condiții două probleme importante: prima pentru faptul că șablonul asignat fiecărui deget ar putea fi diferit la mai multe citiri/prelevări succesive în timp și a doua a faptului că dacă s-a produs o eroare de catalogare s-ar putea ca acel card să nu ajungă la dosarul/sertarul corect.

Se estimează că exactitatea cu care se realiza identificarea manuală era de 75%. Clasificarea amprentelor în containere specifice a dus la separarea lor în felul următor: 65% conțineau șablon spirală, 30% cercuri și 5% arce. Pentru a

23

depăşi dificultatea s-a realizat divizarea şi subdivizarea acestor containere, dar probabilitatea unei erori era totuşi destul de mare. Oricum, folosirea acestor clasificări a fost mai bună decât renunţarea cu totul la aceste sisteme de clasificare.

Sistemul Henry/Vucetich de clasificare a permis şi strecurarea erorilor datorită regulilor complexe de asignare a etichetelor primare, secundare şi terţiare folosite.

În practică, se miza foarte mult pe pregătirea foarte temeinică a factorilor umani care realizau indexarea spre a eficientiza procesul căutării.

Clasificarea – conform sistemului Henry/Vucetich se realiza în 3 categorii:

- detalii tip inel (stânga/dreapta);
- detalii tip spirală;
- detalii tip arc.

De asemenea, prezenţa sau absenţa regiunilor „delta" sunt particularităţi specifice fiecărei amprente. O regiune delta se află la intersecţia a trei regiuni radiale de creste. Arcele nu au puncte delta, inelele au un punct delta, iar spiralele au două puncte delta. Arcele se „transformă" în cercuri şi apar şi punctele delta, iar spiralele sunt însoţite de două puncte delta.

Odată cu computerizarea activităţii de alegere şi stocare a acestor şabloane s-a încercat iniţial codificarea într-un model al simbolurilor alfa-numerice, ale sistemului de clasificare Henry. Devreme ce se putea realiza o căutare indexată a bazei de date nu a mai fost necesară clasificarea după şabloane ci după numerele asignate în baza de date. Avantajele clare au fost eliminarea căutării manuale, diminuarea erorilor de prelevare a amprentelor, dar nu a corectat eventualele erori de clasificare în cadrul tipurilor de șabloane.

Căutarea în baza de date poate fi îngreunată de eventualele valori posibile, combinații care trebuie cercetate, dar și alte limitări impuse în cadrul instituțiilor de gen, care din motive de complexitate a muncii restricționau numărul de căutări la valori rezonabile pentru factorul uman.

2.3. Regăsirea amprentelor

Înainte de automatizarea acestor procese se făcea normal prin compararea detaliilor lui Galton, denumite și „minutiae" (detalii - creste, bifurcații, insule, pori). Înainte de 1960 compararea se făcea strict manual, cu ajutorul unei lupe de către personalul specializat în acest sens. Se insista foarte mult pe pregătirea acestor specialiști, iar în cazul când se produceau erori erau sancționați imediat. De asemenea, existau cazuri în care nu se putea realiza identificarea tocmai din cauza greșelilor de clasificare a fișelor de amprente.

2.4. Începutul automatizării

S-a produs în anii 1960 când a devenit tot mai evident demersul care trebuia inițiat de către agențiile/instituțiile guvernamentale. Existau colecții mari de dosare cu amprente digitale și în consecință un volum extrem de mare de muncă, care au impus adoptarea unei forme de automatizare pentru a menține costul muncii în limite rezonabile. Era la fel de evidentă exista o mare problemă în legătură cu lipsa de acuratețe a sistemului de identificare manual, mai ales în cazul colecțiilor extinse de amprente digitale. În aceste condiții instituțiilor guvernamentale le era tot mai clar că rata de eroare rezultată din folosirea sistemului de clasificare creștea proporțional cu colecția de date, la fel ca și volumul de muncă.

Primele instituții guvernamentale care au implementat automatizarea au fost:

- U.S. N.B.S. (National Bureau of Standards)/N.I.S.T. Research (National Institute for Standards and Technology), care la mijlocul anilor 1960 au inițiat mai multe proiecte de cercetare pentru automatizarea procesului de identificare prin amprente digitale. Aceste proiecte de cercetare au fost inițiate împreună cu F.B.I. și au cuprins cercetări în privința: digitizării imaginilor cuprinzând amprentele deținute până atunci pe hârtie, efectul compresiei imaginii asupra calității ei, clasificarea, extragerea detaliilor lui Galton și în final regăsirea lor în baza de date [WEGS70]. Aceste cercetări, la fel ca și alte colaborări cu structuri guvernamentale sau private (ca de exemplu: Scientific Research and Development Branch și Home Office in U.K.) au dus la progrese importante în implementarea acestei tehnologii.

- Royal Canadian Police deținea până la mijlocul anilor 1960 un volum de 1 milion de amprente (zece pentru fiecare mână). În aceste condiții au studiat metodele de automatizare folosite la acel moment și au ales o soluție bazată pe înregistrarea video, care era deja folosită de către căile ferate și societăți de asigurări. Sistemul de fișiere video fabricat de

Ampex Corporation, prevedea o regăsire digitală, pe o bandă de 2 inch, efectuată de către un minicomputer. Se folosea un sistem complex de căutare a datelor cu ajutorul buffer-ului unui video-disk. Acest sistem a fost folosit până la mijlocul anilor 1970, când RCMP(Royal Canadian Mounted Police) a realizat primul sistem automat de identificare (AFIS)- Automated Fingerprint Identification System.

• F.B.I. căuta în aproximativ aceeaşi perioadă o metodă de automatizare a căutărilor care zilnic cuprindeau 25.000 de comparări, intr-o bază de date de 20 de milioane de amprente („ten prints") cu ajutorul a câtorva mii de angajaţi care realizau aceste comparaţii. La mijlocul anilor 1960 F.B.I. semna contracte cu trei companii în scopul realizării unui prototip pentru scanarea cardurilor cu amprente digitale. Până la începutul anilor 1970 prototipurile erau finalizate şi testate. S-a ales un prototip şi s-a semnat un contract de realizare a 5 cititoare de carduri cu amprente şi s-a început digitizarea acestora. În următorii 5-6 ani a colaborat cu industria producătoare de computere pentru realizarea altor tehnologii printre care echipamente hardware necesare regăsirii lor, automatizarea clasificării software şi hardware şi alte funcţii legate de identificare ca atare. A rezultat un sistem de prelucrare a cardurilor cu amprente alcătuit din staţii de lucru pentru a realiza prelucrarea datelor introduse, clasificarea lor, validarea şi în final rezultatul regăsirii în colecţia de date. Studiile au continuat şi au contribuit la dezvoltarea următoarelor etape ale automatizării prelucrării amprentelor digitale la F.B.I. Până la finalul anului 1994 competiţia pentru realizarea modelului I.A.F.I.S. (Integrated Automated

27

Fingerprint Identification System) s-a încheiat. În anul 1995 Lockhead Martin Corporation a fost selectat pentru a realiza I.A.F.I.S., iar până în anul 1999 majoritatea componentelor sale erau operaționale.

• Marea Britanie în aceeași perioadă și-a îndreptat atenția prin intermediul National Police Service asupra algoritmilor și a celorlalte aspecte necesare automatizării. În același timp Metropolitan Police Service din cadrul new Scotland Yard și-a concentrat atenția asupra procesării amprentelor prelevate și în colaborare cu Ferrari Ltd. A dezvoltat un prototip de sistem automat destinat căutării amprentelor. Rezultatul acestor cercetări se regăsesc în modelul N.A.F.I.S.-National Automated Fingerprint Identification System elaborat de către S.R.D.B-Scientific Research and Development Branch.

• Japonia își îndrepta, în aceeași perioadă eforturile prin intermediul J.N.P.-Japan National Police către găsirea unei soluții de căutare a celor peste șase milioane de amprente. J.N.P. a colaborat cu F.B.I. și Home Office (U.K.), iar ca rezultat s-a obținut un concept care include câte ceva din eforturile comune.

2.5. Tehnologia

2.5.1. Scanarea și digitizarea

Prima problemă este găsirea unui dispozitiv capabil să scaneze cardurile cu amprente digitale de o calitate suficient de bună pentru etapele următoare: extragerea caracteristicilor și regăsirea. F.B.I. a inițiat3un proiect/program de cercetare care consta în construirea unui scanner care să transforme fiecare amprentă (prelevată pe hârtie în cerneală de dimensiuni 1,5*1,5 inch) la o rezoluție de 500 pixeli/inch, în care mărimea unui punct era de circa 0,0015 inch cu o rată de semnal util/zgomot de peste 100:1, totul pe minim 6 biți (64 de tonuri de gri). Aceste cerințe s-au putut pune în practică cu ajutorul unui tub catodic și a unui sistem de detecție cu precizie, un set de tuburi foto-multiplicatoare pentru măsurarea incidenței și reflecției luminii plus un amplificator digitizor care convertește semnalul electric în valori digitale pentru fiecare pixel. Trei companii au fost alese pentru a construi acest gen de scanner, urmând să se aleagă apoi proiectul cel mai bun. Dispozitivul a fost livrat la începutul anilor 1970 către F.B.I. Viteza de scanare a dispozitivului era de 250 de carduri de amprente pe oră. F.B.I. a comandat 5 astfel de dispozitive care au fost operaționale până în anul 1978. Un dezavantaj al acestui sistem era faptul că scanarea trebuia făcută în condiții de luminozitate foarte scăzută. Un alt inconvenient era faptul că puține din scanner-ele care se găseau la acel moment pe piață realizau și digitizarea amprentei, multe dintre ele lucrau cu format analogic. Acest fapt a fost remediat la începutul anilor 1980 când au început să se producă scanner-e digitale la costuri destul de scăzute. Apoi au mai trecut încă 10 ani până când calitatea imaginilor folosite a ajuns la specificațiile din Anexa F –I.A.F.I.S[6]., care este în prezent standardul pentru scanarea amprentelor digitale[7].

---

[6] http://www.fbi.gov/hq/cjisd/ident.htm
[7] Criminal Justice Information Services, Apendix F: I.A.F.I.S. image quality specifications for scanners, in Electronic Fingerprint Transmission

Calitatea cerută astfel este de peste 200 de tonuri de gri, iar digitizarea trebuie să se poată face pe cel puțin 8 biți, iar compresia de asemenea pe 8 biți.

În prezent, asemenea scanner-e pot fi achiziționate la aproximativ 10.000 de dolari, iar calitatea imaginii (1,5*1,5 inch) este de 1.000 dpi, digitizată pe 10 sau 12 biți, iar S/N – rata semnal util/zgomot este de 100:1.

De asemenea, se mai practică scanarea direct de pe degete, atât în aplicațiile civile cât și militare și se numește „live-scan".

Paradoxul vremurilor noastre este faptul că deși calitatea imaginii scanate este foarte bună uneori nu se justifică păstrarea lor în întregime. De cele mai multe ori este suficientă păstrarea doar a unui inch^2 din amprentă, iar păstrarea tuturor celor 10 amprente nu este necesară în toate cazurile. Calitatea foarte mare a imaginii cere algoritmi foarte sofisticați pentru a folosi acest avantaj așa cum se cuvine.

Scanner-ele „live" sunt construite după 2 tehnologii: (F.T.I.R)-Frustrated Total Internal Reflection – folosește tehnici optice de transfer prin semiconductori și a doua categorie prin ultrasunete. Dintre acestea cele optice par să aibă mai multe probleme decât cele prin ultrasunete. Avantajele și dezavantajele vor fi studiate în timp și mai bine înțelese, dar un lucru este cert și anume că folosirea „live" scanner-elor va juca un rol important în aplicațiile civile și militare de acum încolo.

Specification CJIS-RS-0010(V7), January 29, 1999. Available online at http://www.fbi.gov/hq/cjisd/iafis/efts70/cover.htm

2.5.2. Prelucrarea

Extragerea detaliilor este direct dependentă de calitatea imaginii obţinute, mai precis de acurateţea cu care se pot extrage acele caracteristici [WJMM05].

În cazul în care tonurile de gri folosite sunt undeva peste 128, se realizează o aşa-zisă „normalizare" a variaţiilor de intensitate. Un asemenea deziderat poate fi realizat prin L.A.C.E. [WJMM05] –Local Area Contrast Enhancement şi care realizează ajustarea pixelilor din imediata vecinătate în corelaţie cu o medie globală –Global Pixel Mean –pentru întreaga imagine. Se mai calculează o medie locală şi variaţia faţă de 15*15 pixeli din vecinătatea fiecărui pixel. Se construieşte astfel o tabelă de statistici a imaginii:

$$Pixel\_ = Global\_gain \times (1/\sqrt{Local\_variance})$$

Creşterea factorului/valorii globale se calculează cu ajutorul valorii medii şi al factorului de corecţie globală(care se stabileşte empiric ca fiind aproximativ 0,5) şi rezultă:

$$Cresterea\_factorului/valorii\_globale =$$
$$Corectia\_globala \times Media\_globala$$

Se calculează astfel o nouă intensitate/valoare pentru fiecare pixel original cu ajutorul creşterii valorii intensităţii unui pixel („pixel gain") şi a mediei locale („local means"), astfel:

$$Noua\_valoare/int\,ensitate = Cresterea\_valorii\_unui\_pixel \times$$
$$\left(valoarea\_originala\_a\_unui\_pixel - Media\_locala\right)$$
$$+ Media\_locala$$

După aplicarea metodei L.A.C.E. histograma ar arăta că plaja tonurilor de gri se întinde pe toate cele 256 de valori, cu o valoare medie de aproximativ 128, iar o privire de ansamblu asupra celor două imagini arată clar diferența de contrast dintre ele.

Un alt tip de prelucrare a amprentelor digitale este filtrarea contextuală [HWJ98], [MMJP03b], [WJMM05].

Obiectivele urmărite cu ajutorul acestui procedeu:

a. conferirea unei „continuități" de-a lungul crestelor cu scopul de a elimina discontinuitățile și de a umple spațiile datorate impurităților sau imperfecțiunilor de scanare;

b. diferențierea mai clară dintre creste și văi și separarea crestelor paralele.

Acest tip de filtrare se face foarte ușor cu ajutorul filtrelor Gabor, care au proprietăți legate de frecvență și orientare și au rezoluție bună din ambele puncte de vedere. Filtrele Gabor dau imagini de foarte bună calitate, rezoluție mare și nu ocupă lățime mare de bandă. Filtrul Gabor bidimensional are forma următoare:

$$g(x, y_{\Theta}, f) = \exp\left\{\frac{1}{2}\left[\frac{x_{\Theta}^2}{\sigma_x^2} + \frac{y_{\Theta}^2}{\sigma_y^2}\right]\right\}\cos(2\Pi f \bullet x_{\Theta})$$

unde Θ este orientarea filtrului, iar $[x_{\Theta}, y_{\Theta}]$ sunt coordonatele $[x,y]$ după rotația în sensul acelor de ceasornic ale axelor carteziene după un unghi de (90-Θ), iar f este frecvenţa bidimensională sinusoidală pe suprafaţa amprentei:

$$\begin{bmatrix} x_\Theta \\ y_\Theta \end{bmatrix} = \begin{bmatrix} \cos(90^0 - \Theta) & \sin(90^0 - \Theta) \\ -\sin(90^0 - \Theta) & \cos(90^0 - \Theta) \end{bmatrix} \begin{bmatrix} x \\ y \end{bmatrix} = \begin{bmatrix} \sin(\Theta) & \cos(\Theta) \\ -\cos(\Theta) & \sin(\Theta) \end{bmatrix} \begin{bmatrix} x \\ y \end{bmatrix}$$

Iar Θ_x şi Θy sunt deviaţiile standard Gaussiene pe axele x şi y.

În contextul filtrelor Gabor trebuie să cunoaştem $(\Theta, f, \sigma_x, \sigma_y)$, unde f este determinată de frecvenţa locală a crestelor, σ este determinată de orientarea locală a crestelor, σ_x, σ_y sunt alese în funcţie de cât de robuste dorim să fie aceste filtre, astfel încât cu creşterea valorilor lor se accentuează detaliile şi invers cu scăderea valorilor persistă "zgomotele". În termini de ocupare a benzii de comunicaţie, cu cât σ_x, σ_y sunt mai mari cu atât descreşte lăţimea de bandă.

O altă metodă simplă de comensurare şi extragere a detaliilor se bazează pe evaluarea/calcularea gradientului din imaginea/amprenta respectivă. Gradientul $\nabla(x_i, y_i)$ în punctul $[x_i, y_i]$ al imaginii este un vector bidimensional $[\nabla_x(x_i, y_i), \nabla_y(x_i, y_i)]$, unde ∇_x şi ∇_y sunt deviaţiile imaginii I în $[x_i, y_i]$ în direcţiile x şi y. Unghiul gradientului dă direcţia celei mai mari schimbări de intensitate a pixelilor din vecinătate. De aceea direcţia Θ_{ij} traversează regiunea cu centrul în punctul $[x_i, y_i]$. Această metodă, deşi simplă nu este suficient de robustă şi din această cauză se foloseşte, pentru o mai bună estimare a orientării dominante o combinaţie a multiplilor gradienți estimați într-o fereastră WxW cu centrul în punctual $[x_i, y_i]$ [HWJ98].

$$\Theta_{ij} = 90^0 + \frac{1}{2}\arctan\left(\frac{2G_{xy}}{G_{xx} - G_{yy}}\right)$$

$$G_{xy} = \sum_{h=-\frac{w}{2}}^{\frac{w}{2}} \sum_{h=-\frac{w}{2}}^{\frac{w}{2}} \nabla_x(x_i + h, y_j + k) \bullet \nabla_y(x_i + h, y_j + k)$$

$$G_{xx} = \sum_{h=-\frac{w}{2}}^{\frac{w}{2}} \sum_{h=-\frac{w}{2}}^{\frac{w}{2}} \nabla_x(x_i + h, y_j + k)^2$$

$$G_{yy} = \sum_{h=-\frac{w}{2}}^{\frac{w}{2}} \sum_{h=-\frac{w}{2}}^{\frac{w}{2}} \nabla y(x_i + h, y_j + k)^2$$

Unde ∇_x și ∇y sunt componentele gradient calculate cu ajutorul măștii 3x3 Sobel. De fapt această metodă este echivalentă cu componenta principală a matricei autocorelațiilor vectorilor gradient [BAGE02]. Din imaginea rezultată s-au eliminat toate falsele orientări locale ale crestelor.

Frecvența locală a crestelor, respectiv densitatea f_{xy} în punctul [x,y] este invers proporțională cu numărul de creste per unitate de lungime al segmentului ipotetic cu centrul în [x,y] şi ortogonal cu orientarea Θ_{xy} locală a crestelor. O imagine a frecvenţei f, analogă cu o imagine a orientărilor D se poate reprezenta dacă frecvenţa este estimată discret în cadrul unei matrici [MMJP03b]. Şablonul poate fi modelat ca o suprafaţă sinusoidală, iar teorema variaţiei poate fi folosită pentru a putea determina frecvenţa necunoscută [CHJA09]. Variaţia V a unei funcţii h în intervalul $[x_1, x_2]$, este variaţia verticală h:

$$V(h) = \int_{x1}^{x2} \left| \frac{dh(x)}{dx} \right| \cdot dx$$

Dacă funcţia h este periodică la $[x_1, x_2]$ sau schimbările de amplitudine sunt mici variaţiile pot fi exprimate sub forma unei funcţii cu amplitudinea α_m şi frecvenţa medie f

$$V(h) = (x_2 - x_1) \cdot 2\alpha_m \cdot f$$

deci frecvenţa poate fi estimată:

$$f = \frac{V(h)}{2(x_2 - x_1) \cdot \alpha_m}$$

Variaţia şi amplitudinea medie pot fi estimate din derivata parţială primară şi secundară, iar frecvenţa locală rezultă imediat.

Procesarea unei amprente depinde, în mare măsură de algoritmul folosit dar şi de alţi factori:

- variaţiile de intensitate ale cernelii cu care s-a luat amprenta, fie datorită excesului, fie datorită lipsei, fapte care duc la dificultăţi de prelucrare;
- în cazul scanner-elor „live" prelucrarea urmelor de grăsime ale degetelor (imaginile tridimensionale ale degetelor), trebuie să se evite imaginile care conţin structuri generate artificial şi care pot crea false interpretări ale detaliilor.

2.5.3. Extragerea detaliilor

Presupune prelucrare şi în general duce la o imagine binară, adică fiecărui pixel îi corespunde culoarea neagră pentru creste şi albă pentru cavităţi. Unele scanner-e „live" inversează „polaritatea" generând creste albe şi cavităţi închise la culoare. Înainte de „binarizare" (transformarea în binar a unei imagini) extragerea detaliilor se făcea cu ajutorul modelelor. Aceasta necesită o serie întreagă de asignări ale tuturor modelelor posibile şi chiar prelucrarea lor manuală. Acest lucru ducea, în final la un compromis, pe măsură ce numărul amprentelor era tot mai mare şi aproximările la rândul lor duceau la un număr tot mai mare de detalii nerecunoscute sau detalii false recunoscute.

Prima etapă a transformărilor binare (setează pixelii aparţinând crestelor la 1 şi ai cavităţilor la 0), apoi se „subliniază" crestele la lăţimea unui pixel. Ideea centrală în obţinerea acestui proces de subţiere este eroziunea „iterativă" a marginilor exterioare ale detaliilor până când se obţin linii de lăţimea unui pixel. Nu există, în principiu, niciun algoritm matematic pentru acest procedeu, dar în literatură sunt propuse mai multe astfel de procedee.

Metoda Rosenfeld examinează vecinătatea fiecărui pixel P1 cu o arie de 3x3 pixeli pentru a indica dacă P1 este negru (creastă) sau alb (cavitate).

Figurile ilustrează cele patru condiții în care P1 ar fi situat pe o creastă.

Punctele terminus sunt indicate în figură:

P9	P2	P3		P9	P2	P3		P9	P2	P3		P9	P2	P3
P8	P1	P4		P8	P1	P4		P8	P1	P4		P8	P1	P4
P7	P6	P5		P7	P6	P5		P7	P6	P5		P7	P6	P5

Figura 2.9. Pixelul central P_1 se află în cadrul unui detaliu ca urmarea aplicării algoritmului de detecție a detaliilor

P9	P2	P3		P9	P2	P3		P9	P2	P3		P9	P2	P3
P8	P1	P4		P8	P1	P4		P8	P1	P4		P8	P1	P4
P7	P6	P5		P7	P6	P5		P7	P6	P5		P7	P6	P5

Figura 2.10. Pixelul central P_1 se află la terminația unui detaliu ca urmarea aplicării algoritmului de detecție a detaliilor

Punctele izolate sunt acelea care nu au puncte negre în vecinătate.

P9	P2	P3		P9	P2	P3		P9	P2	P3		P9	P2	P3
P8	P1	P4		P8	P1	P4		P8	P1	P4		P8	P1	P4
P7	P6	P5		P7	P6	P5		P7	P6	P5		P7	P6	P5

Figura 2.11. Pixelul central P_1 se află la bifurcația unui detaliu ca urmarea aplicării algoritmului de detecție a detaliilor

Analiza acestor regiuni 3x3 pixeli și decizia dacă acest P1 este de-a lungul rândurilor sau coloanelor, se realizează astfel într-o manieră consecventă schimbarea unui P1 din negru în alb sau invers. În urma acestei analize schimbarea culorii pixelilor se face dacă aceștia sunt „de conexiune", puncte izolate sau finale. „Tratarea" porilor este o problemă din cauza faptului că într-o astfel de imagine ei apar ca un punct alb înconjurat de o vecinătate închisă la culoare și în final sunt detectate ca detalii. Este bine ca acești pori să fie detectați și eliminați ceea ce va ușura editarea setului final. Odată imaginea obținută se poate folosi un alt set de 3x3 pixeli din vecinătate și se poate reîncepe analiza terminațiilor și bifurcațiilor. Un element de terminație este identificat în condițiile în care toți ceilalți P2-P9 sunt albi, iar o bifurcație dacă P1 are 3 vecini de culoare neagră.

Cu toate că procesul pare simplu, există destule imperfecțiuni ale detaliilor, pori sau alte anomalii generate de prelucrări agresive, care trebuie detectate și eliminate. Acestea pot fi detectate ca o parte a validării inițiale sau la post-procesare [MACA09].

2.5.4. Validarea inițială

Constă, spre exemplu, în verificarea lungimii crestelor, care derivă din detaliile detectate, dacă acestea sunt corecte sau dacă direcția acestora este în limite acceptabile.

2.5.5. Postprocesarea

Poate include o examinare a calității locale a imaginii, detectarea vecinătăților și a altor indicatori independenți de structura amprentei. Apoi, imaginea poate fi supusă procesului de inversare a culorilor, negru cu alb și invers. Reprocesarea acestei imagini „inversate" ar trebui să realizeze o delimitare mai clară a terminațiilor acestor detalii indicând o verificare a validității detaliilor anterior detectate. Detaliile validate la final sunt doar acelea care întrunesc toate testele de verificare.

Anumiți algoritmi de extragere a detaliilor funcționează astfel încât le detectează încă din imaginea în tonuri de gri [MMJP03b], [MAMA97]. Odată validat un set de detalii se obțin informații despre: numărul crestelor, locația punctelor delta ori centrul imaginii. Aceste detalii suplimentare sunt utile pentru a dobândi o selectivitate mai mare.

2.5.6. Clasificarea șabloanelor

Se face în anumite sisteme în mod automat și sunt folosite ca criterii de căutare a înregistrărilor inelele, arcele și spiralele. Amprentele trimise spre comparare/validare se comparau numai cu înregistrări din baza de date aparținând aceeași categorii. O astfel de comparație nu este perfectă deoarece algoritmii scriși pe baza acestei clasificări au o acuratețe a regăsirilor de 99% [WAYM03] și uneori necesită confirmarea manuală din partea factorului uman. Corespunzător unui astfel de tip de algoritmi bazat pe clasificări (inele, arce, spirale), pot surveni erori dacă amprentele sunt clasificate greșit, ceea ce duce la creșterea ratei falsei respingeri (FRR)-,,False Rejection Rate".

Clasificarea șabloanelor poate fi realizată în câteva moduri:

• încadrând regiunea unei amprente ca aparținând unei forme oarecare (spirală, arc, inel);

- prin implementarea uneia sau mai multor clasificări, ca de exemplu: reţele neuronale create cu scopul de a recunoaşte anumite şabloane.

Formele singulare ale unei amprente sunt detectate cu ajutorul metodei Pointcaré [KAJA96], [WJMM05], într-o imagine „D". Fie „G" vectorul asociat cu imaginea amprentei „D, cu menţiunea că orientarea detaliilor din imagine nu defineşte în fapt un vector devreme ce elementele sale nu sunt orientate, dar pot fi transformate într-un pseudo-vector multiplicând cu 2 valorile corespunzătoare orientării lor.

Se consideră $[i, j]$, poziţia elementului Θij în imaginea "D".

Indexul Pointcaré $P_{G,C(i,j)}$ al punctului $[i, j]$ se calculează astfel:

- -„C" este „calea" cea mai apropiată definită ca o secvenţă ordonată a elementelor din „D" astfel încât $[i, j]$ să fie punct interior;
- - $P_{G,C(i,j)}$ este calculat ca sumă a diferenţelor orientărilor dintre elementele adiacente lui „C".
- Se selectează aleatoriu direcţia primului element şi se asociază direcţia cea mai apropiată fiecărui element successiv. În cazul curbelor închise indexul Pointcaré are numai următoarele valori discrete: 0^0, 180^0, -180^0, 360^0, -360^0. În cazul particular al amprentelor digitale:

$$P_{G,C(i,j)} = \begin{cases} 0^0 & daca \ [i, j] \ nu \ apartine \ unei \ regiuni \\ 360^0 & daca \ [i, j] \ apartine \ unei \ regiuni \ in \ forma \ de \ spirala \\ 180^0 & daca \ [i, j] \ apartine \ unei \ regiuni \ in \ forma \ de \ inel \\ -180^0 & daca \ [i, j] \ apartine \ unei \ regiuni \ de \ tip \ delta \end{cases}$$

Arată 3 exemple de imagini şi orientarea pseudo-vectorului, iar calea lui „C" este o secvenţă ordonată de 8 elemente $d_k(k=0,7)$, în jurul lui $[i,j]$. Direcţia lui d_k este aleasă în felul următor: d_0 este orientat în sus, iar $d_k(k=0,7)$ este orientat în aşa fel încât valoarea absolută a unghiului dintre d_k şi d_{k-1} este mai mic sau egal cu 90^0. Indexul Pointcaré este calculat astfel:

$$P_{G,C(i,j)} = \sum_{k=0,7} angle(d_k, d(k+1) \bmod 8)$$

Calcularea indexului Pointcaré, au fost considerate 8 puncte din vecinătatea unui punct, toate aparţinând unei spirale, unui inel sau unei regiuni delta. Pentru regiunea „inel" (centru) şi delta (dreapta) direcţia lui d_0 este aleasă ascendentă (pentru calcularea unghiului dintre d_0 şi d_1) şi apoi descendentă (pentru calcularea unghiului dintre d_7 şi d_0) [MMJP03b], [WJMM05]. Sistemul de clasificare al amprentelor digitale detectează mai întâi particularităţile acestora utilizând metode mai sus amintite şi apoi aplică un set de reguli, spre exemplu: arcele care nu au inele sau puncte delta, arce care au un inel şi un punct delta sau spirale care au 2 inele şi două puncte delta, etc. pentru a putea determina şablonul imaginii respective. Cel mai reuşit sistem de clasificatori utilizează un număr diferit de clasificatori. Efortul de validare al şabloanelor în scopul efectuării capturilor pentru integrarea lor în sistemul automat de stocare şi regăsire este substanţial mai mic decât cel manual.

41

2.5.7. Regăsirea şabloanelor în baza de date („matching")

Tehnologia A.F.I.S. este folosită de la finele anului 1970. Înainte de adoptarea acestei tehnologii nu se recoltau amprente de la locul faptei/crimei decât în cazurile cele mai grave din cauza volumului mare de muncă necesar identificării. Cu ajutorul tehnologiei acest lucru este posibil, în câteva secunde sau minute, fără a implica oameni timp de câteva zile sau săptămâni pentru a realiza o astfel de căutare. Recunoaşterea automată a detaliilor unei amprente este o problemă foarte dificilă din punctul de vedere al şablonului care trebuie regăsit, iar acest lucru se poate datora mai multor factori:

• diferenţa care rezultă din faptul că acelaşi deget poate fi poziţionat/scanat în diverse poziţii, rezultând o translaţie a acestuia;

• rotaţia amprentei sub un unghi oarecare;

• suprapunerea parţială în sensul translaţiei şi rotaţiei, în acelaşi timp, astfel încât rezultă o problemă destul de dificilă de rezervat;

• deformare non-liniară, adică trecerea de la o imagine tri-dimensională a degetului la una bi-dimensională, care este datorată maleabilităţii pielii;

• presiunea cu care se apasă pe senzor şi condiţiile specifice ale pielii se datorează faptului că nu există un contact uniform al degetului scanat cu senzorul , dar şi alte cauze cum ar fi: pielea prea uscată, boli ale pielii, transpiraţie, umiditate, grăsime. Rezultatul este o imagine cu imperfecţiuni, care variază şi de la o prelevare a amprentei la alta ceea ce îngreunează şi mai mult căutarea;

- imperfecţiuni care rezultă şi de la sistemul de prelevare a amprentelor, cum ar fi excesul sau lipsa cernelii cu care s-au obţinut acestea;

- erorile de extragere a detaliilor sunt la rândul lor influenţate de algoritmii de extragere a trăsăturilor specifice, care nu sunt perfecţi şi produc erori de măsurare care pot proveni de la mai multe stadii ale procesului:

- separarea imaginii utile de fundalul imaginii;

- estimarea frecvenţei şi orientării imaginii;

- detectarea numărului, tipurilor şi coordonatelor în care sunt plasate elementele de referinţă;

- detectarea detaliilor şi post-procesarea;

- algoritmi mai „agresivi" de prelucrare pot introduce multe diferenţe de locaţie şi orientare faţă de imaginea în tonuri de gri. În cazul imaginilor de calitate slabă extragerea trăsăturilor specifice pot introduce multe detalii false sau să nu detecteze adevăratele detalii.

Din punct de vedere matematic detaliile pot fi descrise după lucrarea: D.Maltoni, D.Maio, A.K.Jain and S.Prabhabar, Handbook of Fingerprint recognition 2nd Edition , SPVL, Springer, 2009 [MMJP03b].

Fie T şi I fişierul de amprentă colectat şi respectiv amprenta căutată/ supusă căutării. Detaliile fiecărei amprente sunt descrise după mai multe atribute: locaţia imaginii, orientarea, tipul (terminaţii ale crestelor sau bifurcaţii), calitatea imaginii în vecinătatea punctelor/detaliilor respective.

Majoritatea algoritmilor cuantifică fiecare detaliu ca $m = \{x, y, \Theta\}$, caracterizat de coordonatele x și y și de mijlocul Θ.

$$T = \{m_1, m_2, \ldots, m_m\}, \quad m_i = \{x_i, y_i, \Theta_i\}, \quad i = 1, \ldots, m$$

$$I = \{m'_1, m'_2, \ldots, m'_n\}, \quad m'_j = \{x'_i, y'_i, \Theta'_i\}, \quad j = 1, \ldots, n$$

Unde m și n sunt numărul de detalii în T și I, iar m_i din T și m'_j din I se consideră că se „potrivesc", dacă distanța dintre ele este mai mică decât toleranța d_0:

$$\left| x'_j - x_i \right| \le d_0 \quad \text{și} \quad \left| y'_j - y_i \right| \le d_0$$

Iar diferența dintre ele este mai mică decât toleranța unghiulară Θ_0:

$$\min\left(\left| \Theta'_j - \Theta_i \right|, 360 - \left| \Theta'_j - \Theta_i \right| \right) \le \Theta_0$$

Toleranța generată de d_0 și Θ_0 sunt necesare a fi luate în calcul ca urmare a erorilor inerente care sunt generate de algoritmii de extragere a trăsăturilor specifice și a micilor distorsiuni datorate maleabilității pielii. Alinierea celor două amprente este un pas obligatoriu pentru a se maximiza numărul de detalii identice. Acest lucru se poate realiza printr-o aliniere corectă în coordonatele (x,y) și Θ, dar și alte transformări geometrice cum ar fi scalare și deformare non-liniară (non-liniar distortion). Folosim funcţia map() pentru a mapa m'_j (din i) în m''_j, în conformitate cu o transformare dată.

Fie deplasarea $\left[\Delta_x, \Delta_y\right]$ şi orientarea în sens invers acelor de ceasornic $-\Theta$, relativ la origine, care este de regulă un amănunt central al amprentei.

$$map_{\Delta x, \Delta y, \Theta}(m'_j = \{x'_j, y'_j, \Theta'_j\}) = m''_j = \{x''_j, y''_j, \Theta'_j + \Theta\}$$

unde

$$\begin{bmatrix} x''_j \\ y''_j \end{bmatrix} = \begin{bmatrix} \cos(\Theta) & -\sin(\Theta) \\ \sin(\Theta) & \cos(\Theta) \end{bmatrix} \begin{bmatrix} x'_j \\ y'_j \end{bmatrix} + \begin{bmatrix} \Delta x \\ \Delta y \end{bmatrix}$$

Mm() este un indicator care returnează 1, în cazul în care distanţa dintre cele două detalii comparate în cele 2 imagini este în limita stabilită şi Θ, în caz contrar.

$$mm(m''_j, m_i) = \begin{cases} 1 \quad \text{daca distanta si rotatia se inscriu in limite} \\ \text{deci avem o potrivire 0 in caz contrar} \end{cases}$$

Problema regăsirii se poate formula şi astfel:

$$\max_{\Delta x, \Delta y, \Theta} \sum_{i=1}^{m} mm\left(map_{\Delta x, \Delta y, \Theta}(m'P(i)), m_i\right)$$

şi este o funcţie care determină „corespondenţa" dintre detaliile din imaginile I şi T. În practică nici funcţia P, nici parametrii de aliniere nu sunt cunoscuţi ceea ce face ca rezolvarea problemei să fie cu atât mai dificilă. În literatura de specialitate a recunoaşterii şabloanelor se foloseşte adesea termenul de „point pattern matching", iar cele mai cunoscute metode sunt legate de algebră și cercetări operaționale, metode de minimizare a energiei, transformări Hough sau așa numitele „tree-pruning" (metodă a inteligenței artificiale de găsire a celei mai scurte rute).

Alte dificultăți în compararea/regăsirea unei amprente ar fi:

- volumul mare de date care trebuie comparat;
- calitatea imaginilor comparate;
- diferențe mari de calitate între amprente generate de aparate diferite, de condiții diferite de prelevare, dar și alți factori personali și de mediu.

2.5.8. Căutarea amprentelor

În baza de date A.F.I.S. presupune nu doar compararea trăsăturilor caracteristice, dar și a imaginilor în tonuri de gri pe care le conține, de asemenea. O aplicație automatizată, fără intervenția umană este foarte utilă pentru cazurile în care se efectuează accesări în afara programului de lucru, deci se face uz doar de capacitatea mașinii. Un astfel de sistem trebuie să fie suficient de competitiv pentru a oferi un răspuns viabil în lipsa tehnicianului, astfel încât probabilitatea de a produce erori să fie cât mai mică. Volumul bazei de date, în continuă creștere este desigur invers proporțional cu viteza de regăsire. O astfel de problemă poate fi rezolvată prin divizarea bazei de date pe mai multe computere. De asemenea, este nevoie de metode eficiente de mentenanță a bazei de date pentru a asigura actualizări, adăugări și ștergeri pe toate acele computere. Se poate folosi o arhitectură a bazei de date pe 2 nivele:

• primul nivel menţine integritatea bazei de date şi foloseşte un sistem de management (DBMS) –Database Management System şi oferă date despre accesarea datelor, statistici şi rapoarte;

• al doilea nivel conţine informaţii despre partiţiile de date, oferă acces rapid la date rezultat din potrivirea şi filtrarea detaliilor.

2.5.9. Verificarea manuală

Se realizează după ce sunt regăsite câteva posibile „potriviri" în baza de date, de către un tehnician care la rândul său este supervizat de către altcineva, în scopul unei perfecte decizii. Imaginile astfel comparate sunt afişate pe display, au cel puţin 1280*1020 rezoluţie, pe 8 biţi adică 256 de tonuri de gri şi pot fi mărite de cel puţin 5 ori.

2.6. Aplicaţii ale identificării prin amprente digitale

2.6.1. Genetica

Este unul dintre domeniile strâns legate de cele mai vechi studii cu privire la amprentele digitale, aşa cum a fost abordată această problemă şi de către Sir Francis Galton [CUKE1940]. Istoricul cercetărilor în domeniul geneticii este mai vechi decât cel al cercetării amprentelor digitale [CUKE1940]. Întrepătrunderea acestor domenii de cercetare se datorează asocierii pe care a făcut-o genetica relativ la legătura dintre amprentele digitale şi anumite defecte genetice sau boli ereditare.

2.6.2. Aplicaţiile guvernamentale

Folosesc amprentele digitale şi pentru verificarea cazierului judiciar al persoanelor care doresc să se înroleze în forţele armate, să lucreze în cadrul guvernului sau pentru acesta. În SUA, F.B.I. are peste 200 de milioane de astfel de seturi de amprente stocate în Fairmont West Virginia (odată păstrate sub formă de dosare pe câteva etaje într-o clădire de birouri în Washington DC). Se păstrează astfel seturi de câte 10 amprente denumite sugestiv „ten prints". În afară de SUA şi Europa de Vest se poartă în continuare prelevarea amprentelor la vârsta de 14/16/18 ani de la caz la caz, când se eliberează cărţile de identitate şi se prelevează (se compară cu cele vechi) din 5 în 5 ani când aceste documente sunt preschimbate. Se caută dosarul individual şi se face o comparare manuală pentru a confirma identitatea.

Începuturile sistemelor de identificare prin amprente digitale s-au realizat, în SUA de către Comisia Servicii Civile – New York în 1902, urmat în anul 1903 de către Penitenciarul statului New York.

În 1904 penitenciarul statului Kansas, cu ajutorul Scotland Yard a realizat un astfel de sistem. Începând cu anul 1905 până în 1924 serviciile militare americane şi institutul de aplicare al legii au inaugurat folosirea acestor sisteme de identificare manuală a amprentelor digitale.

În jurul anului 1924 F.B.I. a realizat o divizie de identificare legiferată de către Congres şi care a pus bazele stocării/identificării amprentelor digitale pe baza studiilor lui

Sir Edward Henry. În următorii 47 de ani F.B.I. a colectat manual peste 200 de milioane de amprente digitale folosind sistemul de clasificare Henry.

2.6.3. Aplicaţiile criminalistice

În aplicaţiile criminalistice s-au folosit timp de peste un secol şi au existat de-a lungul timpului diferite metode de înregistrare şi catalogare a acestora, la nivel naţional, metropolitan sau aplicate pe populaţii specifice, spre exemplu în închisori. Rareori existau interacţiuni între aceste sisteme datorită distanţelor, dar şi sistemelor diferite de operare şi catalogare a lor. Chiar şi după introducerea sistemului A.F.I.S. în sistemul judiciar nu a determinat neapărat interesul în sensul interoperabilităţii acestor sisteme.

În domeniul cercetărilor judiciare este una dintre cele mai folosite metode. Acestea sunt folosite atât pentru a face o legătură între criminal şi locul crimei, dar şi pentru a dovedi identitatea unor persoane în cazul în care autenticitatea documentelor este pusă sub semnul întrebării. De asemenea, se foloseşte metoda pentru identificarea persoanelor decedate ori pentru identificarea persoanelor anterior arestate sau condamnate. Scopul principal al prelevării amprentelor digitale rămâne acela al identificării persoanelor. Iniţial au fost prelevate pe hârtie şi au fost clasificate după criterii care să permită oamenilor posibilitatea de a efectua comparaţii în termen determinat. Greutatea cu care se făcea compararea şi identificarea, dar şi timpul îndelungat în care se putea realiza o activitate atât de minuţioasă au dus la eforturile de automatizare a unor etape din acest proces pentru punerea cât mai rapidă la dispoziţia instituţiilor de aplicare a legii.

La nivel naţional situaţia a fost următoarea:

- în Japonia a fost implementat la mijlocul anilor 1970, de către poliţia din această ţară, sistemul A.F.I.S. într-un ritm mai lent din două cauze:

c. amprentele păstrate cu cerneală pe carduri de hârtie necesita un efort considerabil pentru digitizare;

d. riscurile legate de tehnica folosită şi pregătirea personalului de specialitate erau de asemenea probleme importante de luat în calcul.

- în S.U.A., F.B.I. a implementat câteva centre pilot, care iniţial au preluat părţi din sarcinile zilnice legate de căutarea amprentelor în baza de date. Sistemele implementate iniţial (la mijlocul anilor 1970) ofereau modalităţi de testare în mediul restrâns. În acest fel, cercetările în materie de procesare a imaginii, clasificarea automată a şabloanelor şi regăsirea detaliilor pot fi evaluate şi optimizate. În anii 1970 F.B.I. a contactat numeroase organizaţii şi chiar a dezvoltat propria divizie de cercetare, iar toate aceste eforturi au dus la ceea ce este in prezent I.A.F.I.S.-Integrated Automated Fingerprint Identification System. Între paşii pe care I.A.F.I.S. i-a făcut la mijlocul anilor 1980, prin intermediu F.B.I. , a implementat metode automate şi cuprinzătoare de identificare, folosind staţii de lucru specializate în automatizarea multor procedee complexe efectuate astfel de către factorul uman. Tranziţia către o aplicaţie care prelucrează o bază de date de dimensiuni foarte mari a fost o provocare pentru cei de la F.B.I. Acest sistem trebuia să prelucreze până la 35.000 de tranzacţii cu imagini pe zi. S-au impus adoptarea de standarde pentru scanarea amprentelor, compresia şi afişarea pentru a se asigura că datele sunt corect înregistrate şi păstrate. F.B.I. primea date de acest tip de la agenţii locale şi statale, iar eforturile de standardizare trebuia să includă şi aceste agenţii. În perioada în care F.B.I. punea bazele I.A.F.I.S. scanner-ele „live" au început să fie introduse în multe agenţii statale şi locale pentru a elimina procesul de colectare şi scanare a amprentelor în cerneală. F.B.I. s-a văzut pus în situaţia de a adopta tehnologia care iniţial a fost concepută doar pentru scanarea fişelor amprentelor în cerneală la cele obţinute cu „live-scanner". Această organizaţie nu avea autoritate nici asupra producătorilor, nici asupra agenţiilor care le-au utilizat, dar beneficiul societăţii trebuia pus în prim plan. Apoi, cooperarea cu Intepol a dus la adoptarea de standarde comune. Sistemul I.A.F.I.S., folosit în mod curent de către F.B.I. a fost realizat în Clarksburg VA de către Lockhead Martin Corporation. Mai existau probleme şi în legătură cu transmiterea de la agenţii la sediul central F.B.I. a cererilor de regăsire în baza de date, iar aceste aspecte sunt legate de distribuţia spaţială (geografică), diferenţa dintre procedurile adoptate, non-interoperabilitatea în cadrul sistemelor I.A.F.I.S. şi securitatea accesării bazelor de date.

• În alte state sistemul A.F.I.S. a fost implementat de către agenţiile naţionale începând cu anul 1984. Ţările în care au fost implementate sunt: Elveţia, Norvegia, Olanda, iar apoi Marea Britanie, Danemarca, Suedia, Finlanda, Belgia, Franţa,

Germania, Spania, Portugalia, Austria, Ungaria, republica Cehă, Slovenia şi Slovacia. De atunci numeroase ţări sunt în curs să implementeze sistemul A.F.I.S.

2.6.4. Sistemele locale

În S.U.A. agenţiile locale, orăşeneşti şi regionale au fost printre primele care au adoptat A.F.I.S. Acest demers a fost iniţiat de către agenţiile metropolitane care s-au confruntat cu cele mai numeroase investigaţii şi s-au văzut nevoite să ia măsuri chiar înaintea agenţiilor statale. Până la începutul anilor 1970 aceste agenţii locale au resimţit nevoia de a îmbunătăţi capacitatea de prelucrare a amprentelor prelevate de la locurile crimelor, astfel încât s-au înregistrat îmbunătăţiri la nivelul folosirii mai eficiente a forţei de muncă şi a identificării criminalilor. Un alt factor hotărâtor în implementarea sistemului A.F.I.S., la nivel local a fost şi dimensiunea redusă a bazei de date. Până la finalul anilor 1970, în S.U.A. erau cel puţin 6.000 de oraşe cuprinse în acest program. Totuşi, până la mijlocul anilor 1980 numărul agenţiilor care au adoptat acest sistem nu a crescut considerabil, dar în urma confirmărilor legate de calitatea sistemului A.F.I.S. multe agenţii americane şi europene au recurs la procurarea lui. Odată cu stocarea imaginilor amprentelor în întregime se stocau şi detaliile acestora.

Interoperabilitatea sistemelor

Pe măsura implementării sistemului A.F.I.S. problema interoperabilităţii era tot mai acută. Cererile de identificare de la nivel local la nivel de stat şi mai departe în relaţiile cu F.B.I. au ridicat problema standardizării protocoalelor folosite la stocarea şi regăsirea electronică a amprentelor. Eforturile depuse în sensul interoperabilităţii A.F.I.S. de către N.I.S.T. în colaborare cu F.B.I. au avut ca rezultat standardul A.N.S.I./N.I.S.T. pentru interschimbarea datelor. Standardul iniţial a fost conceput la mijlocul anilor 1980, a fost actualizat la fiecare 5 ani şi conţine informaţii cu privire la formatul imaginii, caracteristici şi text[8]. Numeroşi producători de sisteme A.F.I.S. au variate implementări, iar elementele caracteristice variază între agenţii, dar standardul ANSI/NIST oferă o bază comună pentru a încapsula datele în formate cunoscute. În realitate, agenţia care furnizează datele le oferă în acelaşi format ca şi cea care le primeşte. Este destul de dificil să fie implicaţi în acest proces vânzătorii/producătorii de echipamente, care să ofere suport pentru toate tipurile de date. F.B.I. s-a implicat în oferirea de suport material şi tehnic pentru a facilita schimbul de date. Dificultatea era cu atât mai mare cu cât numărul agenţiilor creşte, fiecare având resursele şi programul propriu de implementare a sistemului de date de diverse tipuri.

În afara Americii de Nord, la nivelul Interpol A.F.I.S. Expert Working Group (I.A.E.G.) se depuneau eforturi în

---

[8] National Institute of Standards and Technology, "American National Standard for Information Systems – Data format for the interchange of fingerprint, facial, & scar mark & tattoo (SMT) information. NIST Special publication 500-245, ANSI/NIST-ITL 1-2000, Information Technology Laboratory, National Institute of Standards and Technology, Gaithersburg, MD September 2000. Available online at http://www.itl.nist.gov/iad/894.03/fing/fing.html "

sensul standardizării după exemplul formatului de bază A.N.S.I./N.I.S.T. Acest efort internațional este susținut de țări ca: Brazilia, Canada, Franța, Germania, Japonia, Mexic, Norvegia, Africa de Sud, Spania, Marea Britanie și S.U.A. cât și un observator al Europo. I.A.E.G. a definit standardul[9] INT-I versiunea 4 și face obiectul actualizării periodice. I.A.E.G. demonstrează nivelul de internaționalizare al cooperării în domeniul criminalistic într-o epocă a globalizării.

2.6.5. Aplicațiile civile și comerciale

Au existat chiar înainte de a se ști cu siguranță dacă într-adevăr ele sunt unic, cu toate că exista această opinie. În SUA există state care obligă viitorii posesori de permise de conducere auto să-și înregistreze amprentele digitale în prealabil. În prezent amprentele digitale sunt folosite ca mijloc de înregistrare/autentificare în diverse sisteme sau aplicații cum ar fi pentru: banking, vot on-line sau acte de caritate. Cu toate aceste progrese există un neajuns major și anume faptul că nu există o bază de date de dimensiuni mari și care să permită căutarea in timp util. Problematica este cu atât mai complicată cu cât operațiunea de înregistrare/scanare a amprentelor se realizează de către personal insuficient pregătit, ceea ce a dus la existența în aceste colecții de date a unor amprente din care lipsesc informații relevante. Există cazuri în care partea centrală

---

[9] The Interpol AFIS Expert Working Group , Data format for the interchange of fingerprint, facial & (SMT) information. ANSI/NIST ITL 1-2000, Version 4, 2002. Available online at http://www.interpol.int/Public/Forensic/fingerprints/Refdoc/default.asp

a amprentei digitale a fost omisă în procesul prelevării ceea ce o face greu de utilizat în aplicații reale.

2.6.5.1.Aplicații civile

Pe măsură ce A.F.I.S. s-a maturizat a devenit evident că existau tot mai multe oportunități de valorificare a sa în sectorul civil în scopul verificării/validării identității unei persoane care încearcă să se înregistreze/acceseze un sistem anume. Există circumstanțe în care o persoană civilă, care dorește emiterea unui document sau să ocupe un loc de muncă într-un domeniu mai sensibil trebuie supus verificării în privința cazierului judiciar, prin compararea amprentelor personale cu cel din baza de date A.F.I.S.

Practica înregistrării amprentelor unei persoane, când se înregistrează pentru eliberarea unui act de identitate este comună mai multor țări. În aceste condiții căutarea strict manuală a amprentelor ar genera sisteme ineficiente din punctul de vedere al regăsirilor pe măsura creșterii în dimensiuni a bazei de date.

Versiunea civilă a A.F.I.S. diferă de cea destinată cercetărilor judiciare prin mai multe caracteristici. Varianta civilă a A.F.I.S. nu are posibilitatea de a înregistra amprente „latente" ci oferă doar suport pentru scanarea „live" și suport redus pentru așa-numitul procedeu „nail-to-nail" (o scanare a amprentei prin rotirea completă) și nu are nici capabilități pentru interoperabilitate cu F.B.I. sau alte sisteme naționale.

Maria Liliana COSTIN

Reducerea pagubelor materiale – asigurări sociale

În S.U.A. este o preocupare continuă pentru controlul sistemelor de asigurări împotriva multiplelor încercări de fraudă a sistemului. La începutul anilor 1990 un astfel de sistem a fost pus în practică la Los Angeles, se numește A.F.I.R.M. –Active Forensic Intelligent Response Method, pentru înregistrarea amprentelor celor două degete index ale tuturor utilizatorilor de asigurări și să creeze o bază de date, care să permită detectarea înregistrărilor duplicat. Sistemul permitea verificarea identității unei persoane care era deja înregistrată în sistem.

Odată cu implementarea sistemului statal de imagini a amprentelor (S.F.I.S.) în California, utilizându-se A.F.I.R.M. ca un punct de start, aceste practici s-au răspândit în S.U.A. S-a demonstrat faptul că tehnologia de identificare/verificare a amprentelor în cadrul sistemelor de asigurări este eficientă pentru reducerea costurilor aplicațiilor de reducere a costurilor generate de pagubele inerente. Pe măsură ce aceste aplicații vor fi tot mai numeroase se va demonstra felul în care tehnologia A.F.I.S. va fi aplicată altor sisteme de asigurări.

Controlul granițelor

O altă aplicație importantă a tehnologiei de identificare a amprentelor digitale a fost introdusă ca o parte a programului Operațiunea de menținere a controlului la granițele S.U.A și anume „Operation gatekeaper of the Border Patrol" o divizie a Serviciului de Imigrare și Naturalizare a Statelor Unite (INS). Acest program denumit I.D.E.N.T. a fost pus în aplicare pentru prima dată la mijlocul anilor 1990 în zona San Diego, California, iar scopul a fost identificarea persoanelor care treceau granița ilegal, în mod repetat. Totuși, în acest program identificarea biometrică pe baza amprentelor digitale a fost doar o parte a acestui program și de aceea este dificil de comensurat eficacitatea sa individuală. Cert este faptul că sistemul în întregime a avut rolul de a spori teama trecerii ilegale a granițelor, cel puțin în regiune. De asemenea, a avut rolul de a spori încrederea celorlalte țări în sistemele de identificare de acest gen la granițelor altor state. Alte țări cum ar fi: Australia, Singapore, Hong Kong, Malaezia, Germania și Marea Britanie dezvoltă sisteme biometrice pentru a ajuta identificarea persoanelor în scopul admiterii pe teritoriul țărilor lor. Alături de identificarea amprentelor, geometria mâinii, recunoașterea irisului și cea facială sunt folosite în aceleași scopuri. Este din ce în ce mai clar că verificarea identității unei persoane va deveni un element important în prevenirea terorismului internațional.

Obținerea permisului de conducător auto

Istoria utilizării amprentelor este veche de peste 50 de ani, dar în California există obligativitatea prelevării amprentelor începând cu anii 1980, după o perioadă în care acest lucru a fost eliminat. Totuși, odată cu descoperirea potențialului enorm în scopul protecției împotriva fraudelor, s-a ridicat și problema folosirii acestora și în alte scopuri, cum ar fi eliberarea permiselor auto. Imediat după data de 11 septembrie 2001 a existat ideea de a folosi baza de date a permiselor auto pentru identificarea teroriştilor. Răspunsuri au venit imediat de la ACLU - American Civil Liberties Union şi EPIC-Electronic Privacy Information Center[10], cât şi National Research Council legate de potenţialele probleme ale folosirii acestor date în scopul creării unui card de identitate naţional sau sub forma standardizării permiselor auto. Există multe căi prin care emiterea permiselor auto poate colecta şi folosi amprentele digitale, fără implicaţii legate de încălcarea intimităţii personale. În acelaşi timp, este clar că vor fi dezbateri serioase la nivelul societăţii civile în privinţa eliberării acestor permise care conţin amprentele digitale.

2.6.5.2. Aplicaţii comerciale

După aproape 30 de ani de dezvoltare, implementare şi folosire efectivă a sistemului A.F.I.S. în domeniul judiciar şi mai limitată în aplicaţiile civile, se înregistrează o creştere spectaculoasă a folosirii acestuia în aplicaţii comerciale. În ultimii 20 de ani s-au introdus o mare varietate de echipamente de gen, în special scanner-e tot mai competitive pentru aplicaţii în domeniul civil comercial [GORM00]. Tehnologia de identificare este încorporată în programe software realizate pentru a fi folosite în aplicaţii comerciale. Întrebarea este, în aceste condiţii, nu dacă recunoaşterea amprentelor va deveni o

---

[10] Real id implementation review:Few benefits, staggering cost, Analysis of the department of homeland security's National id program, Electronic privacy information center May 2008, http://epic.org/privacy/id-cards/epic_realid_0508.pdf

parte integrantă a aplicaţiilor comerciale cu cerinţe mari de securitate ci momentul implementării şi intensitatea folosirii lor.

Senzori în miniatură

Schimbările cele mai importante în ultimii 5-10 ani au fost miniaturizarea şi reducerea costurilor acestor scanner-e „live". Mulţi producători realizează, în ultima perioadă, senzori optici reduşi ca dimensiuni şi cu costuri din ce în ce mai mici. Aceşti senzori au fost creaţi cu ajutorul metodelor de fabricaţie sub-micron, pentru a putea produce imagini de rezoluţii suficient de mari. Scanner-ele „live" din acest moment folosesc memoria „on-board" pentru a oferi funcţionalitate superioară. Comunicarea cu PC-ul se face de cele mai multe ori prin porturi USB, care exclud şi programele de extragere a lor din cititor şi necesitatea instalării de componente hardware complicate, folosind în schimb procedura „plug-and-play" de realizare a capturii şi regăsirea ulterioară.

Protecţia accesului persoanelor

Odată cu disponibilitatea pe piaţă a acestor scanner-e de dimensiuni mici şi preţuri accesibile, cât şi software pentru acest scop, verificarea amprentelor poate fi încorporată cu uşurinţă în majoritatea computerelor. Aplicaţiile existente oferă uneltele necesare pentru verificarea persoanelor prin accesarea unui calculator sau a unei reţele de calculatoare. Aceste soft-uri sofisticate includ, de asemenea, verificarea activă a poziţionării degetelor pe cititorul de amprente(o arie de 1,5x1,5 inch). Acest nivel de integrare este o expresie a perseverenţei producătorilor de senzori, în vederea implementării cu succes a acestora. Accesul la resursele calculatorului se va face, cel mai probabil, pe lângă măsurile de siguranţă legate de folosirea parolei, la folosirea mijloacelor de identificare biometrice. Majoritatea utilizatorilor de calculatoare le utilizează pentru a obţine informaţii cu privire la: e-mail-uri , tranzacţii comerciale, cumpărături, etc. Cu toate problemele legate de furtul identităţii, este o mare nevoie de încorporarea unei forme de validare a identităţii persoanelor, mai ales în operaţiile în care sunt implicate cărţi de credit pentru plăţi on-line. Un număr de metode biometrice pot să fie folosite pentru verificarea identităţii unei persoane într-un sistem informatic,dar amprentele digitale sunt cele mai potrivite pentru tranzacţii la distanţă. Cu un cititor de amprente ataşat la calculatorul personal, orice persoană poate să se înregistreze la o organizaţie pentru comerţ pe internet sau servicii securizate on-line. Aceste date pot fi folosite pentru a verifica dacă o persoană care doreşte să realizeze o tranzacţie de la un calculator aflat la distanţă este şi cea autorizată să folosească acel credit-card. Cititoarele de amprente au atins preţul de 10$, pe măsura „maturizării" tehnologiei şi a creşterii volumului producţiei. Toţi aceşti factori fac din amprentele digitale o tehnologie pentru securitatea datelor personale foarte accesibilă.

Securitate bancară

Industria bancară a evaluat mulţi ani folosirea amprentelor pentru implementarea comerţului electronic. Cei mai mulți retaileri au capabilități limitate în privința suportului tranzacțiilor comerciale. Computerele acestor retaileri sunt folosite de cele mai multe ori pentru mentenanța și inventarierea datelor lor. Nici costul cititoarelor de amprente nu a fost suficient de scăzut, până nu demult , pentru a face din identificarea pe baza amprentelor digitale o componentă cu cost competitiv. Odată cu scăderea costurilor senzorilor și cu apariția soft-ului pentru înregistrare și comparație, sistemele comerciale competitive ca preț sunt din ce în ce mai numeroase și sunt implementate chiar la terminalele POS -Point of Sale. Cheia problemei este faptul că amprenta trebuie să fie stocată pe card în momentul emiterii acesteia (ocupă circa 300 bytes). Computerul vânzătorului trebuie să verifice dacă datele citite sunt identice cu cele stocate pe card. Aceasta nu elimină necesitatea de a verifica dacă acel card este autorizat ori are limitări de sumă.

Un alt domeniu pentru aplicarea tehnologiei biometrice sunt (ATM) -Automatic Teller Machine și (MAC) -Money Acces Centers. Au fost folosite mai multe încercări de folosire a tehnologiei biometrice pentru aceste mașini. Cele mai eficiente au fost cititoarele de amprente și cititoarele de iris. Aceste cititoare pot fi integrate în ansambluri simple și încorporate în cadrul ATM-ului. Aceste componente pot fi înlocuite dacă sunt distruse intenționat sau sunt folosite foarte intens(peste 3000 de accesări pe zi). Simplitatea, disponibilitatea, scanner-ele „live" cu interfață USB, tehnicile robuste de captură și acuratețea regăsirii fac din verificarea amprentelor un competitor serios pentru aplicaţiile pentru ATM-uri.

Tranzacţiile business to business

Odată cu schimbul tot mai intens de informaţii între producători, furnizori, etc., prin intermediul internetului se deschide oportunitatea de a folosi şi în acest domeniu identificarea bazată pe amprente digitale. Amprentele persoanelor care sunt autorizate să conducă tranzacţiile comerciale (business) pot fi integrate ori pe partea web-site-ului implicat ori la un serviciu abilitat să ofere o gamă largă de metode de validare a identităţii indivizilor. Această funcţie poate fi integrată cu validarea indivizilor pentru cumpărături on-line astfel încât să nu fie nevoie de retransmiterea aceloraşi elemente de securizare de fiecare dată.

În final elementul cheie al acestui sistem revoluţionar este tot dispozitivul de citire al amprentelor, care a ajuns la dimensiuni foarte mic, la preţuri accesibile, poate fi integrat foarte uşor cu PC-ul şi folosit pentru o gamă foarte largă de aplicaţii.

Capitolul 3 Recunoaşterea irisului

3.1 Istoricul tehnologiei

Ştiinţa biometrică urmăreşte punerea în practică a numeroase metode pentru verificarea şi identificarea persoanelor. Aceste metode trebuie să prezinte siguranţă şi să se evite invadarea vieţii private a indivizilor, pentru a fi aplicabile. Gradul de încredere este legat de faptul că acea semnătură individuală poate fi captată în acelaşi fel, în orice moment. Caracteristicile biometrice au un grad mare de încredere întrucât sunt legate de măsurarea caracteristicilor intrinseci, fizice ale indivizilor. Unele caracteristici, cum sunt amprentele digitale rămân relativ neschimbate în timp ce altele, deşi unice, pot varia mult din cauza vicisitudinilor de timp şi spaţiu.

Nota invazivă are de a face cu abilitatea de a captura aspectele esenţiale, cu anumite constrângeri. Spre exemplu, obţinerea unei amprente digitale este invazivă din moment ce necesită contactul fizic al individului cu respectivul senzor, în timp ce imaginea feţei unui individ poate fi obţinută de la o distanţă confortabilă.

Din punctul de vedere al încrederii şi al gradului de invadare a intimităţii personale, irisul este o structură interesantă din punctul de vedere al verificării şi identificării personale. Din punctul de vedere al încrederii putem remarca faptul că irisul este distinct de la un individ la altul [ADLE65].

Irisul este un organ la vedere şi poate fi capturat la o distanţă confortabilă cu ajutorul unei tehnologii specifice. Cu aceste proprietăţi şi anume încrederea mare în privinţa unicităţii şi non-invaziunii, recunoaşterea pe baza irisului este o abordare interesantă a metodelor biometrice de verificare şi identificare. Utilizarea iniţială a acestei metode biometrice a fost într-un penitenciar din Paris, prin inspectarea vizuală a irisului, în special a culorilor [BERTI1885]. Eforturile iniţiale pentru automatizarea recunoaşterii irisului au fost efectuate la laboratoarele Los Alamos din S.U.A. [JOHN91] Au existat multe alte încercări ale diverselor grupuri de cercetători, care au realizat prototipuri ale sistemului de recunoaştere a irisului.

Cea mai bună abordare în acest domeniu au realizat-o Daugman [DAUG90], [DAUG92], [DAUG93] şi Wildes [WAGHKMM92], [WAGHKMM96], [WILD97], [WAGHKMM94], [WAHKMM96], [WAGHKMM98] şi care sunt autorii cei mai reprezentativi din literatura de specialitate.

Convingerea că irisul este unic pentru fiecare persoană şi că rămâne neschimbat odată cu înaintarea în vârstă provine din două surse:

• oftalmologic pe baza observaţiilor anatomice şi anume că acesta diferă de la o persoană la alta, ba mai mult pentru fiecare persoană diferă ochiul stâng de dreptul;

• biologii susţin că deşi structura generală a irisului este determinată genetic, totuşi există circumstanţe de care acesta depinde. În cursul dezvoltării individului unele elemente sunt neschimbate în cursul vieţii, cum sunt vasele de sânge, în timp ce spre exemplu, musculatura oculară se maturizează în jurul vârstei de 2 ani. Pigmentarea continuă, la fel şi mărirea dimensiunii pupilei până la vârsta adolescenţei. La ochii maturilor se pot produce puţine modificări de-a lungul vieţii, în special o uşoară depigmentare şi scăderea în dimensiuni a pupilei cu vârsta [SPAL05]. Există boli ale ochiului care pot altera aspectul irisului, dar şi tratamente ale bolilor de ochi (exemplu pentru glaucom). S-a mai demonstrat că expunerea prea intensă la anumite metale ar putea depigmenta irisul, dar aceste cazuri sunt rare. O altă caracteristică interesantă a irisului este dilatarea pupilei, aşa-numita „hippus". Această caracteristică este folosită în scopul verificării faptului că o fiinţă este vie în momentul citirii irisului. Acest test se efectuează prin supunerea subiectului la sursă de lumină cu variate intensităţi.

În concluzie, anatomia şi fiziologia irisului oferă bază pentru o largă utilizare în domeniul biometric pentru verificarea/identificarea persoanelor, datorită faptului că irisul uman oferă detalii suficiente, unice şi stabile de-a lungul vieţii unui individ.

3.2. Senzori

Una din marile provocări ale recunoaşterii irisului uman este folosirea/achiziţionarea unui sistem de captare/stocare de înaltă calitate a imaginii irisului, care să rămână, în acelaşi timp non-invazivă pentru subiecţi. Din cauza dimensiunii mici a irisului (cca. 1cm în diametru), a faptului că în general oamenii sunt foarte atenţi în privinţa ochilor cât şi a faptului că este important să avem un bun contrast este necesară iluminarea corespunzătoare şi în condiţii acceptabile pentru indivizi. Un alt factor care trebuie să permită o pună citire este faptul că irisul trebuie să fie bine centrat/delimitat, fără să constrângă subiectul să stea într-o poziţie incomodă sau în direct contact cu aparatul.

Pentru a răspunde tuturor acestor cerinţe aparatura de citire/scanare a irisului este concepută după două abordări:

• prima abordare cere din partea individului o participare activă pentru o bună poziţionare în sensul centrării şi focusului irisului. Subiectul trebuie să stea la aproximativ 0,5 m distanţă de aparat;

• al doilea tip de abordare face uz de senzori activi pentru obţinerea imaginii dorite cu o minimă participare a subiectului, în sensul că acesta trebuie să stea nemişcat şi să privească înainte, în timp ce sistemul ajustează automat parametrii optici. Distanţa la care subiectul trebuie să stea este de aproximativ 0,75m.

Prima abordare îi aparţine lui Daugman [DAUG06], iar cea de-a doua lui Wildes [WAGHKMM96]. Ambii folosesc camere monocrom cu rezoluţie pe 8 biţi. Cu toate că imaginea color ar fi mai bogată în informaţii, cele monocrom sunt adecvate scopului declarat de a verifica/identifica subiecţii cu ajutorul acestora. Ambele sisteme, atât cel patentat de Daugman, cât şi cel al lui Wildes folosesc surse de lumină din spectrul vizibil ochiului uman. S-a încercat folosirea unei surse de lumină cu spectrul apropiat de infraroşu. Acest tip de iluminare nu este total invizibil pentru ochiul uman, astfel încât nu a servit în totalitate scopului şi anume de a fi total invizibil ochiului uman.

Problema poziţionării individului în faţa camerei este rezolvată de către Daugman, prin poziţionarea unui ecran LCD legat la camera video, astfel încât subiecţii să-şi poată ajusta uşor poziţia. În cursul procesului de ajustare, cea mai bună imagine captată este supusă la procesări ulterioare.

Wildes propune un sistem interactiv în sensul că subiectul determină momentul declanşării capturii. Aceste sisteme sunt atractive pentru că nu sunt invazive, dar necesită o bună cooperare cu indivizii.

Cercetările începute de către Sarnoff Corporation şi transferate ulterior către Sensar Incorporated au dus la o mai bună rafinare a metodei şi la o modalitate de lucru non-invazivă. Pentru a se obţine o imagine suficient de clară subiectul trebuie să stea nemişcat, cu capul orientat într-un unghi de 60^0 vertical şi 45^0 orizontal, iar distanţa de aproximativ 0,38 m la 0,76 m de la dispozitiv. Captura unei imagini care să poată fi folosită pentru recunoaşterea irisului se face automat în 2-10 secunde. Abordarea foloseşte tehnica „active vision" şi anume localizează zona capului („WFOV-Wide Field Of View-binocular camera") şi a ochilor („NFOV-Narow Field Of View -camera to point")şi focalizează zona în jurul irisului. Iluminarea se realizează cu ajutorul unei lumini din spectrul apropiat de infraroşu („NIR-Near Infrared"), care nu este deranjantă pentru ochiul uman.

3.3. Localizarea irisului

Se face fără restricții în momentul achiziției/capturii și se obține o arie mai mare decât zona vizată. Este esențială delimitarea strictă a zonei dintre pupilă și scleră. Apoi, dacă pleoapa acoperă o parte a irisului, atunci doar acea porțiune dintre pleoapa superioară și cea inferioară ar trebui să fie cuprinsă în captură. De regulă, marginea exterioară a irisului este de culoare mai închisă decât irisul, dar nu în toate cazurile, iar contrastul se obține prin folosirea mai mult a spectrului vizibil decât al celui infraroșu. Pot exista cazuri în care pupila este mai închisă la culoare decât irisul sau pleoapele pot fi și ele mai pigmentate ori pot avea o formă neregulată din cauza genelor.

În concluzie, localizarea irisului trebuie să țină seama de o serie de factori cum sunt: contrastul marginal, margini neregulate și să fie flexibile în privința pleoapelor subiecților.

Modul în care Daugman și Wildes au realizat localizarea irisului se folosește de prima derivată a intensității imaginii pentru a localiza marginea irisului. Prima derivată a intensității înregistrează un maxim local la marginea suprafeței irisului (inelul care de regulă este mai închis la culoare). De asemenea, ambele sisteme modelează variatele margini ale irisului cu modele simple geometrice. Spre exemplu, ambii modelează marginea irisului și pupila cu contururi circulare. Wildes include în modelul său pleoapele de sus și de jos și le reprezintă ca arce. Daugman, în schimb, exclude ambele pleoape, respectiv porțiunile de sus și de jos unde acestea erau localizate. În ambele variante configuraţia sistemului este folosită pentru a optimiza informaţia relativă la intensitatea imaginii. Marginea irisului - este filtrată şi reţinută ca extremitate, la fel ca şi porţiunea pleoapelor.

În esenţă, cele două abordări diferă prin modul în care caută parametrii spaţiali pentru a modela conturul în concordanţă cu informaţia utilă.

Fie I(x,y) intensitatea luminii în locaţia (x,y) şi conturul circular al irisului cu parametrii (x_c, y_c) şi raza r.

Abordarea lui Daugman identifică conturul circular prin:

$$\left| \frac{\partial}{\partial r} \cdot G(r) * \int_{r, x_c, y_c} \frac{I(x, y)}{2\Pi r} d_s \right|$$

unde,

$$G(r) = \left(1 - \sqrt{2\Pi\sigma}\right) \exp\left[-\left(r - r_0\right)^2 \div 2\sigma^2\right]$$

este un cerc Gaussian cu centrul în r_0 şi deviaţia standard σ, care redefineşte marginile, iar $d_s / 2\Pi r$ normalizează integrala.

Mai general, regăsirea conturului imaginii/irisului, prin acest tip de optimizare, se face prin tehnica „standard machine vision" sau „active contour modeling" [SYM05], [SETH99], [HONG09].

Modelul lui Wildes regăseşte conturul irisului în doi paşi:

- primul constă în conversia informației legată de intensitatea culorilor din imaginea captată într-o imagine binară pentru a sublinia conturul;

- al doilea constă în instanțierea valorilor parametrilor în conturul particular care este urmărit folosindu-se metoda detecției marginilor bazată pe gradient [GOWO02], [TRBE06].

Intensitatea gradientului este:

$$|\Delta G(x,y)*I(x,y)|$$

unde,

$$\Delta \equiv \left(\partial/\partial_x, \partial/\partial_y\right)$$

și

$$G(x,y) = \left(1 - 2/2\Pi\sigma^2\right)\exp\left\{-\left[(x-x_0)^2 + (y-y_0)^2\right]/2\sigma^2\right\}$$

este un cerc Gaussian cu centrul în (x_0,y_0) și derivata standard σ.

Înainte de a fi desemnat ca aparținând imaginii irisului, conturul acestuia, derivatele sunt selectate aparținând sau nu marginii verticale. Decizia se ia cu ajutorul transformatei Hough [WJMM05]:

$$H(x_c, y_c, r) = \sum_{j=1}^{n} h(x_j, y_j, x_c, y_c, r)$$

unde,

$$h(x_j, y_j, x_c, y_c, r) = \left\{\begin{array}{l} 1 \quad daca \quad g(x_j, y_j, x_c, y_c, r) = 0 \\ 0 \quad in \quad caz \quad contrar \end{array}\right\}$$

având

$$g\left(x_j, y_j, x_c, y_c, r\right) = \left(x_j - x_c\right)^2 + \left(y_j - y_c\right)^2 - r$$

Dacă $\left(x_j, y_j\right)$ aparține marginii irisului, atunci $g\left(x_j, y_j, x_c, y_c, r\right) = 0$, iar H este suma tuturor acestor puncte.

Implementarea se realizează prin construirea unui vector $H\left(x_c, y_c, r\right)$ indexat după valorile discrete x_c, y_c si r, care odată populat este scanat pentru a găsi valorile maxime (x_c, y_c, r).

Conturul pleoapelor se aproximează ca arce, în locul cercului parametrizat $g\left(x_j, y_j, x_c, y_c, r\right)$. Așa cum Daugman se folosește de localizarea irisului prin tehnica standard, detecția conturului urmată de transformările Hough este o tehnică standard "machine vision", pentru localizarea conturului simplu în imaginile captate.

Ambele abordări ale localizării irisului s-au dovedit a fi de succes în aplicații, dar ambele pot întâmpina greutăți când se lucrează cu imagini care conțin o regiune a feței mai mare decât aria de interes. Asemenea cazuri sunt întâlnite mai ales la sistemele care necesită o participare importantă din partea subiectului. Recent metoda Wildes a făcut pași importanți în această direcție, iar regiunea strict delimitată a irisului este mai precis captată.

71

3.4. Reprezentarea

Varietatea caracteristicilor irisului uman se reprezintă atât prin structurile de la suprafaţa imediat vizibilă, cât şi prin mici detalii în spaţiu şi amestec de texturi. Astfel, este necesară şi utilă o reprezentare pe o scală mult mai largă, care să permită reprezentarea a cât mai multe detalii.

Abordarea Daugman presupune aplicarea filtrelor Gabor în versiunea bi-dimensională [JAHA00]. Daugman face uz de coordonatele polare (r, Θ), în cursul regăsirii, iar filtrele Gabor se folosesc într-o formă corespunzătoare:

$$H(r, \Theta) = e^{-i\omega}(\Theta - \Theta_0)_e - (r - r_0)^{2/\alpha^2} e^{-i(\Theta - \Theta_0)^2/\beta^2}$$

unde α şi β variază invers proporţional cu ω şi generează un set de filtre cu centrul în (r_0, Θ_0). Aceste filtre sunt foarte eficiente în a da o bună localizare în spaţiu.

Perechea de biţi (h_R, h_J) rezultă după analiza semnelor filtrelor luând în considerare parametrii α, β, ω si (r_0, Θ_0), astfel:

$$h_R = 1 \quad daca \quad R\left(\int_\rho \int_\varphi e^{-i\omega(\Theta_0 - \varphi)} e^{-(r_0 - \rho)^2/\alpha^2} e^{-i(\Theta_0 - \varphi)^2/\beta^2} I(\rho, \varphi)\rho d_\rho d_\varphi\right) \geq 0$$

$$h_R = 0 \quad daca \quad R\left(\int_\rho \int_\varphi e^{-i\omega(\Theta_0 - \varphi)} e^{-(r_0 - \rho)^2/\alpha^2} e^{-i(\Theta_0 - \varphi)^2/\beta^2} I(\rho, \varphi)\rho d_\rho d_\varphi\right) \langle 0$$

$$h_J = 1 \quad daca \quad J\left(\int_\rho \int_\varphi e^{-i\omega(\Theta_0 - \varphi)} e^{-(r_0 - \rho)^2/\alpha^2} e^{-i(\Theta_0 - \varphi)^2/\beta^2} I(\rho, \varphi)\rho d_\rho d_\varphi\right) \geq 0$$

$$h_J = 0 \quad daca \quad J\left(\iint_{\rho\,\varphi} e^{-i\omega(\Theta_0-\varphi)} e^{-(r_0-\rho)^2/\alpha^2} e^{-i(\Theta_0-\varphi)^2/\beta^2} I(\rho,\varphi)\rho d_\rho d_\varphi\right)\langle 0$$

unde R(.) şi J(.) sunt rezultatele filtrelor aplicate.

Abordarea Wildes face uz de o aplicaţie a filtrelor Laplace Gaussiene (LoG) [JAHA00].

Filtrele (LoG) sunt aplicate astfel:

$$-\frac{1}{\Pi\sigma^4}\left(1-\frac{\rho^2}{2\sigma^2}\right)\cdot e^{-\rho^2/2\sigma^2}$$

unde σ este deviaţia standard, iar ρ distanţa de la centrul filtrului.

În practică, imaginea filtrată este o piramidă Laplace [RABB09], de fapt este o cascadă de filtre Gaussiene. În mod particular, fie w=[1 4 6 4 1]/16 o mască unidimensională, iar w=w^{T}w o mască bi-dimensională. Fie I imaginea de interes, iar construirea piramidei Laplace se face astfel:

$$g_k = \left(w * g_{k-1}\right)_{\downarrow 2}$$

g_0=I şi $(\cdot)_{\downarrow 2}$ reprezintă împărţirea cu 2 a indicelui pentru fiecare dimensiune a imaginii. Nivelul k al piramidei Laplace se construieşte din diferenţa g_k şi g_{k+1}

$$l_k = g_k - 4w * \left(g_{k+1}\right)_{\uparrow 2}$$

unde $(\cdot)_{\uparrow 2}$ semnifică înmulţirea cu factorul 2. Piramida construită pe 4 nivele serveşte ca semnătură a irisului pentru regăsire.

73

Ca o diferență între cele două abordări Daugman și Wildes este aceea că prima poate fi reprezentată pe 256 de bytes, iar cea de-a doua reține mai multe detalii astfel încât este aproape identică în privința mărimii cu cea originală. Avantajul în primul caz este acela că având o dimensiune mică se poate stoca pe o bandă magnetică, chiar pe un card de credit. Al doilea caz are avantajul că reține mai multe informații, care pot fi utile la un moment dat.

3.5. Regăsirea semnăturilor

Recunoașterea irisului se realizează în 3 pași:
- stabilirea unei **corespondențe** spațiale între două semnături care se compară;
- **cuantificarea corespondenței** sau a gradului de corespondență între două semnături;
- **luarea deciziei** dacă cele două semnături se potrivesc sau nu, proces care se bazează pe indicatorul stabilit la pasul anterior.

3.5.1. Corespondența dintre două semnături

Pentru a realiza compararea a două semnături ale irisului este necesară stabilirea unei corespondențe precise între caracteristicile structurale ale perechii. Pornind de la platformele folosite în prezent, gradele de libertate, din punct de vedere geometric sunt: poziționarea, scalarea și rotația. Repoziționarea se face în plan orizontal cu ajutorul senzorului camerei, scalarea se realizează de-a lungul axului optic, iar rotația se produce unghiular cu axul optic. Un alt grad de libertate demn de a fi luat în calcul este dilataţia pupilei care variază datorită intensităţii luminii ambientale. În accepţiunea ambilor, atât a lui Daugman cât şi a lui Wildes poziţionarea se realizează ca urmare a faptului că ambii obţin imaginea irisului ca urmare a izolării acestuia dintr-o imagine de dimensiuni mai mari.

Sistemul Daugman foloseşte scalarea radială şi face legătura dintre coordonatele carteziene (x, y) şi coordonatele polare (r, Θ) conform lui:

$$x(r, \Theta) = (1 - r)x_p(\Theta) + rx_1(\Theta)$$

$$y(r, \Theta) = (1 - r)y_p(\Theta) + ry_1(\Theta)$$

unde,

$$r = [0,1]$$

$$\Theta = [0, 2\Pi]$$

$x_p(\Theta), y_p(\Theta)$ - coordonatele pupilei în direcţia Θ
$x_1(\Theta), y_1(\Theta)$ - coordonatele marginii exterioare a irisului în direcţia Θ

Rotaţia este compensată prin căutarea unghiului Θ în care ar avea loc potrivirea celor două imagini.

În accepţiunea Wildes captura imaginii compensează atât poziţionarea cât şi rotaţia. Geometric se proiectează o imagine $I_a(x, y)$ aliniată cu o imagine comparată $I_c(x, y)$, după o funcţie de corespondenţă $(u(x, y), v(x, y))$, astfel încât pentru toate punctele (x, y) valoarea intensităţii imaginii $(x, y) - (u(x, y), v(x, y))$ în I_a este aproape de (x, y) în I_c sau altfel spus că valoarea funcţiei de corespondenţă (u, v) trebuie să minimizeze:

$$\iint\limits_{x\ y} \left(I_c(x, y) - I_a(x - u, y - u) \right)^2 dx dy$$

Coordonatele (x, y) se transformă în (x', y') ca urmare a rotaţiei şi scalării astfel:

$$\begin{pmatrix} x' \\ y' \end{pmatrix} = \begin{pmatrix} x \\ y \end{pmatrix} - sR(\Theta) \begin{pmatrix} x \\ y \end{pmatrix}$$

unde, s este factorul se scalare, iar $R(\Theta)$ matricea reprezentând rotaţia cu Θ.

Dată fiind perechea de imagini ale irisului I_a şi I_c, parametrii s şi Θ sunt determinaţi ca urmare a unei proceduri de minimizare interactivă [DAUG06].

Ambele metode, atât cea folosită de Daugman cât şi cea folosită de Wildes par a face faţă unor asemenea procese complexe de comparare în condiţii cunoscute, stabilite şi controlate. În alte condiţii şi circumstanţe mult mai puţin restrictive, probabil că aceste procese ar avea nevoie de metode mult mai sofisticate.

3.5.2. Cuantificarea corespondenţei

Acest indicator se calculează prin compararea celor două imagini şi sumarea punctelor care corespund, respectiv ale celor care diferă.

Abordarea Daugman cuantifică procentul de biți care nu sunt „identici" – nu se regăsesc în ambele reprezentări ale irisului, prin normalizarea distanței Hamming [DAUG06].

Fie A și B cele două semnături care se compară, iar

$$\frac{1}{2048} \sum_{j=1}^{j=2048} A_j \oplus B$$

unde,

j-indexează poziția bit-ului comparat,

$\oplus$ - denotă „or" exclusiv (dacă și numai dacă A și B diferă, atunci operatorul boolean este 1).

Cu cât operatorul are o valoare mai mare cu atât potrivirea este mai bună și invers. Puterea de calcul implicată într-o astfel de comparare a imaginii de achiziție și a celei din baza de date se face la o rată de 10^5, cu un procesor de 300 Mhz. În cazul bazelor de date de mici dimensiuni căutarea se poate face secvențial, în timp ce în cazul bazelor de date de mari dimensiuni se folosesc indecși construiți după o strategie bine pusă la punct.

În accepțiunea Wildes procedeul de cuantificare al corespondenței este ceva mai elaborat. Abordarea se bazează pe normalizarea corelațiilor dintre cele două semnături. În forma discretă corelația normalizată se definește astfel:

$p_1[i, j]$, $p_2[i, j]$ - sunt matrici de dimensiuni nxm,

$$\mu = (1 - nm) \sum_{i=1}^{n} \sum_{j=1}^{m} p_1[i, j] \text{ - este media pentru p1,}$$

$$\sigma_1 = \left[(1-nm)\sum_{i=1}^{n}\sum_{j=1}^{m}\left(p_1[i,j]-\mu_1\right)^2 \right]^{\frac{1}{2}}$$ - deviaţia standard pentru p1

$$\mu_2 = (1-nm)\sum_{i=1}^{n}\sum_{j=1}^{m} p_2[i,j]$$ - este media pentru p2,

$$\sigma_2 = \left[(1-nm)\sum_{i=1}^{n}\sum_{j=1}^{m}\left(p_2[i,j]-\mu_2\right)^2 \right]^{\frac{1}{2}}$$ - deviaţia standard

pentru p2.

Normalizarea corelaţiei dintre p_1 şi p_2 se poate defini astfel:

$$\frac{\sum_{i=1}^{n}\sum_{j=1}^{m}\left(p_1[i,j]-\mu_1\right)\left(p_2[i,j]-\mu_2\right)}{nm\sigma_1\sigma_2}$$

şi surprinde acelaşi tip de informaţie ca şi corelaţia standard, dar include şi variaţia intensităţii locale în cadrul imaginii, care afectează corelaţia standard [DAUG06]. Robusteţea acestui calcul vine din media intensităţilor care apare la numărătorul corelaţiei, iar deviaţia standard pare ca divizor. Concret implementarea se realizează pe mici blocuri de pixeli (8*8), în fiecare bandă de frecvenţă spaţială a piramidei Laplace. O bună corespondenţă se face prin combinarea valorilor blocurilor comparate cu media statistică. Această metodă dă posibilitatea de a detecta greşelile şi erorile datorate „zgomotelor", alinierii necorespunzătoare sau obţinerii capturii irisului (din cauza pleoapelor).

3.5.3. Decizia

Ultimul pas în declararea corespondenței între două amprente este dacă cele două sunt autentice sau avem de a face cu un impostor.

În abordarea Daugman aceasta se realizează prin calcularea unui punct de separație între cele două în spațiul distanțelor normale Hamming. Distanțele mai mici decât punctul de separație va fi luat în considerare ca un indicator al autenticului, iar cele mai mari ca aparținând impostorilor. Se face apel, de asemenea la teoria statistică a deciziei [DAUG06] pentru a putea alege în modul cel mai corect punctul de separație. Acest punct de separație trebuie ales în așa fel încât să existe probabilități egale de realizare a falsei acceptări sau falsei respingeri. Desigur, în funcție de gradul de conservatorism sau liberalism se pot alege diverse grade de acceptanță, în funcție de cerințele de instalare ale sistemului respectiv. Pentru a calcula punctul de separație, s-a efectuat un experiment astfel încât populația cuprinzând impostori și autentici le-au fost atribuite distribuții parametrizate.

Distribuția binomială este definită astfel:

$$p(k) = \left(\frac{n}{k}\right) p^k (1-p)^{n-k}$$

unde,

$$\left(\frac{n}{k}\right) = \frac{n!}{(n-k)! k!}$$

sunt combinări de k luate câte n, din care k succese Bernoulli în n încercări independente.

Experimentele Bernoulli sunt definite pentru a genera o valoare experimentală a unei variabile aleatoare discrete v conform cu distribuția:

$$p_v(v_0) = \begin{cases} 1-p & v_0 = 0 \\ p & v_0 = 1 \\ 0 & altfel \end{cases}$$

unde v=1 corespunde unui succes și v=0 unui eșec.

Folosirea distribuției binomiale se justifică pentru cazurile în care avem de a face cu impostori. Corespondența dintre biții unei perechi de imagini comparate poate fi tratată ca o serie de experimente Bernoulli. Totuși, nu toți biții pot fi priviți ca independenți ca urmare a corelațiilor de la momentul procesării. Această a fost folosită doar pentru cazurile în care avem de a face cu impostori, în celelalte nu se justifică.

În accepțiunea Wildes, procesul de luare a unei decizii trebuie să combine rezultatele corespondențelor calculate la pașii anteriori într-un singur răspuns acceptare sau refuz. Se apelează la tehnici de clasificare a șabloanelor. În cazul nostru particular tehnica se aplică în sensul combinării valorilor astfel încât varianța în interiorul clasei să fie minimizată, în timp ce varianța între clase să fie maximizată. Funcția liniară care dă o asemenea soluție se numește Discriminant Liniar Fisher [WAGHKMM98].

Fie n exemplul, d-dimensional, n_a din setul A şi n_i din setul I, astfel încât fiecare mostră corespunde unui set de valori care reprezintă măsura corespondenţi, iar clasa cuprinde imaginile autentice respectiv ale impostorilor. Fisher defineşte un vector ω, astfel încât raportul dintre varianţa între clase la varianţa în cadrul clasei este maximizată pentru transformata $\omega^T q$.

Media d-dimensională pentru $q \in A$ este:

$$\mu_a = \left(\sum\nolimits_{q \in A} q \right) / n_i$$

şi similar pentru μ_j.

Măsura varianţei în cadrul unei clase poate fi definită ca o matrice de forma:

$$S_a = \sum_{q \in A} (q - \mu_a)(q - \mu_a)^T$$

pentru A şi similar pentru I, iar totalul în cadrul clasei se poate defini astfel:

$$S_W = S_a + S_i$$

Varianţa între clase poate fi definită în termenii următoarei matrici:

$$S_b = (\mu_a - \mu_i)(\mu_a - \mu_i)^T,$$

Iar de la cele enunţate se ajunge uşor la raportul dintre varianţa între clase şi varianţa în interiorul clasei a transformatei ωq:

$$\frac{\omega^T S_b \omega}{\omega^T S_W \omega}$$

În final se determină ω, care maximizează raportul:

$$\omega = S_W^{-1}\left(\mu_a - \mu_i\right)$$

şi remarcăm faptul că S_b nu mai apare în această formulă, devreme ce reprezintă rezultatul global. Pentru a putea aplica această funcţie discriminantă, trebuie definit un punct de separaţie, astfel încât valorile peste acest punct să fie derivate din clasa A, iar valorile sub acest punct sunt derivate din clasa I. Punctul de separaţie este punctul de mijloc între mediile transformate ale exemplelor din A şi I, astfel:

$$\frac{1}{2}\omega^T\left(\mu_a + \mu_i\right)$$

Punctul optimal se găseşte în aşa fel încât probabilitatea unei false acceptări să fie egală cu a unei false respingeri.

Ambele abordări sunt bazate pe metode care sunt legate de intensitatea imaginii înregistrate. Ar fi necesare metode cu care să se poată aborda o mai largă plajă de aparenţe ale irisului. O metodă de a procesa o mai mare varietate ar fi de a extrage şi de a regăsi seturi de trăsături care ar fi mai robuste la deformări fotometrice şi geometrice.

3.6. Direcţii pentru viitor

Progresele în domeniul recunoaşterii irisului uman se îndreaptă în doua direcţii:

- dezvoltarea tehnologică;
- cercetarea ştiinţifică în domeniul identificării biometrice.

Dezvoltarea tehnologică urmăreşte două direcţii importante:

1. restricţionarea conform căreia un subiect trebuie să accepte captarea imaginii irisului cu ajutorul sistemelor pasive. De asemenea, se urmăreşte elaborarea unor sisteme tot mai compacte şi care pot fi încorporate în produse unde se cere controlul accesului: automobile, computere, echipamente mobile, etc.;

2. „deplasarea" graniţelor tot mai mult în sensul achiziţionării imaginii irisului în condiţii tot mai non-restrictive. Întrebarea în acest sens este dacă şi în ce condiţii poate capta un astfel de sistem imaginea irisului, din mişcare, la ce distanţe, în ce condiţii de luminozitate şi eventual fără ca subiecţii să fie avertizaţi.

Un astfel de sistem ar trebui să răspundă multor cerinţe legate de procesarea şi stabilizarea imaginii, noţiuni de optică, de urmărirea şi prelucrarea imaginii. Au fost realizate teste care au arătat posibilitatea de a capta imaginea irisului de la 10 metri distanţă. S-a folosit în acest sens o cameră cu lentile ale căror distanţe focale aveau circa 1 metru, iluminarea s-a realizat în spectrul infraroşu şi s-au obţinut imagini cu rezoluţie şi contrast suficient de mare pentru a realiza recunoaşterea.

Din punct de vedere intrinsec puţine sunt informaţiile care se cunosc despre irisul uman, în sensul cunoaşterii informaţiilor relevante ca fiind cu conţinut discriminatoriu. În particular, este esenţial să se determine care informaţii sunt utile şi suficiente pentru ca algoritmii folosiţi să fie eficienţi.

3.7. Aplicaţiile majore ale acestei tehnologii

Sunt: înlocuirea paşapoartelor clasice, controlul şi accesul pe aeroporturi, înlocuirea parolelor pentru computere, accesul în locuinţe şi clădiri, în spitale şi alte programe guvernamentale.

3.7.1. Aplicaţii în aeroporturi

În Marea Britanie aceşti algoritmi vor fi folosiţi pentru paşapoarte şi carduri de identitate. Câteva aeroporturi folosesc aceşti algoritmi de identificare pentru verificarea pasagerilor şi controlul imigrărilor în locul prezentării paşaportului inclusiv la Heatrow Londra, Schiphol Amsterdam, Frankfurt, Atena şi câteva aeroporturi din Canada Toronto şi Vancouver urmând ca alte 14 alte aeroporturi canadiene să urmeze implementarea. În anul 2004 proiectul IRIS - Iris Recognition Immigration System au fost efectuate 10 astfel de implementări în Marea Britanie.

Cea mai extinsă implementare a acestor algoritmi este în Emiratele Arabe Unite unde sunt efectuate zilnic aproximativ 2 miliarde de comparări. Toți vizitatorii care ajung la cele 17 porturi, aeroporturi și porturi navale sunt scanați biometric, iar comparările sunt efectuate intr-o bază de date în mai puțin de 2 secunde. Se previzionează că recunoașterea irisului va juca un rol important în toate domeniile în care identitatea persoanelor trebuie să fie stabilită ori confirmată.

În Canada irisul joacă rol de pașaport prin programul CNAPass Air introdus de (CBSA) - Canada Boarder Services Agency, care a implementat un sistem de trecere rapidă a frontierei, prin intermediul unor „kiosc"-uri, mai ales pentru cei care călătoresc foarte mult.

În Japonia, la aeroportul Narita pasagerii se pot înrola în sistemul biometric, printr-o simplă citire a irisului și le sunt disponibile imediat tichetele de călătorie și chiar primesc acceptul pentru îmbarcare.

La granița Afganistanului cu Pakistanul Înaltul Comisariat ONU pentru Refugiați folosește algoritmii lui Daugman pentru acceptarea anonimă a persoanelor la întoarcerea în Afganistan, pentru a putea primi în timp cât mai scurt hrană, bani și resurse pentru a călătorii mai departe.

3.7.2. Aplicații în comerțul electronic

Identificarea persoanelor la ambele terminale, în cazul efectuării de tranzacții on-line, este critică mai ales în condițiile în care acestea sunt în continuă creștere.

Price Waterhouse Coopers estimează costurile fraudelor on-line pentru fiecare an la 32 de miliarde de dolari americani.

Pentru o mai bună protecţie a participanţilor la tranzacţii on-line, se impune din ce în ce mai mult, pe lângă criptarea datelor şi o componentă biometrică, iar identificarea irisului este o soluţie acceptată pentru acest tip de operaţiuni.

3.7.3. Aplicaţii în domeniul medical şi accesului la datele personale ale pacienţilor

Soluţiile de securitate aplicate asupra fişelor medicale, pentru protejarea secretului fişelor medicale includ o componentă de identificare pe baza irisului la spitale din Washington, D.C., Pennsylvania şi Alabama. Aplicaţii ca acestea au fost implementate pentru a fi în concordanţă cu cerinţele de securitate ale datelor private în Statele Unite şi pentru a se alinia la standardul (HIPPA)-Health Insurance Portability and Accountability Act.

În Germania secţiile de noi născuţi sunt echipate cu cititoare de iris pentru a se asigura că doar părinţii copiilor, medicii şi asistentele au acces în acea arie, diminuând astfel riscul răpirii micuţilor.

Etichetarea fişelor medicale cu numele, codul numeric personal sau orice alt cod, nu este o metodă sigură pentru asigurarea confidenţialităţii datelor medicale ori a reţetelor farmaceutice. Respectivele înregistrări medicale pot fi pe deplin securizate prin aplicarea unor astfel de semnături asigurând anonimatul persoanelor sau al donatorilor. În felul acesta doar proprietarul de drept poate accesa datele sale sau eventual poate da acces la acestea persoanelor abilitate.

Datorită proprietăților non-invazive și pentru faptul că nu necesită contactul fizic cu senzorul metoda este foarte potrivită pentru medii în care igiena este un imperativ sau în condițiile în care mâinile utilizatorilor sunt permanent ocupate.

3.7.4. Aplicații pentru control acces

Recunoașterea irisului a oferit, încă din anii 1990, metode eficiente de acces în arii securizate, centre de date, diverse companii sau închisori. PIN-uri, coduri, parole, chei sunt instrumente de acces care pot fi foarte ușor furate sau contrafăcute. În felul acesta niciunul dintre cele enumerate mai sus nu poate să ofere garanții suficiente în privința unei securități depline, dar implementarea acestei componente biometrice este de natură să restricționeze accesul doar pentru cei abilitați.

3.7.5. Aplicații în domeniul protecției rețelelor de calculatoare, identificării utilizatorilor și a securității computerelor

Specialiștii în help-desk spun despre „pierderea" parolelor că reprezintă 40% din totalul cererilor pe care le au prin intermediul telefonului.

Fraudele prin intermediul calculatoarelor, atacurile și exploatarea breșelor de securitatea sunt de natură să ridice serioase probleme în cadrul companiilor din lumea întreagă. În completarea acestor probleme de securitate vine şi stringenta problemă a managementului parolelor.

Recunoaşterea irisului este metoda de securitate în plus, peste care barieră încercările atacatorilor şi a intruşilor nu pot trece.

3.7.6. Aplicaţii în şcoli

Un program inovator a fost implementat în şcoala New Egypt district of Plumsted, New Jersey încă din anul 2003. Acest sistem este folosit pentru securizarea clădirilor şcolii şi pentru a identifica şi a face legătura dintre copii şi părinţii lor şi pentru a se asigura că numai aceia pot să-i ridice de la şcoală.

Sistemul poate fi aplicat şi în cantinele şcolare pentru ca copiii să nu fie nevoiţi să poarte bani pentru acest scop. De asemenea poate ajuta pentru stabilirea şi urmarea dietei corecte de către copii evitând riscul producerii alergiilor.

3.7.7. Aplicaţii în domeniul asistenţei şi îngrijirii persoanelor cu probleme/dizabilităţi

Pe măsură ce activităţile de îngrijire şi asistenţă sunt tot mai complexe şi personalul implicat este tot mai numeros. După un proces de înregistrare în baza de date, angajaţii îşi pot înregistra intrarea şi ieşirea in serviciu cu mare uşurinţă. Citirea irisului nu poate fi transferată altcuiva aşa cum se putea întâmpla cu cardul sau PIN-ul persoanelor, iar plata orelor efectuate este în strânsă legătură cu munca prestată. Înregistrările în timp real dau posibilitatea aflării în orice moment a prezenţei tuturor angajaţilor la locurile lor de muncă.

Algoritmii lui Daugman pentru recunoaşterea irisului au primit premii internaţionale; „The British Computer Society's 1997 IT Award and Medal", "The Smithsonian Award in 2000", "Time 100" Innovation Award in 2001.

Tehnologia a fost desemnată ca Produs al mileniului „Millennium Product" de către Uk Design Council în 1998 şi în cursul anului 2000 a fost folosită în Domul Mileniului. Companii din lumea întreagă folosesc astăzi aceste tehnologii în produse şi servicii variate.

3.8. Unele din cele mai viabile aplicaţii ale recunoaşterii irisului, în opinia Raviraj Technologies[11] sunt:

Tabel 3.1. Aplicaţii ale recunoaşterii irisului

Descrierea proiectului	Locaţia	Sectorul	Aplicaţia	Descrierea aplicaţiei	Descriere detaliată
Iris în Pakistan	Pakistan	Guverna-mental	Civil ID	Urmărire	Acordarea ajutoarelor de urgenţă refugiaţilor afgani la prima înrolare în sistem
Iris pilot Logan	SUA	Turism şi transport	Phys Acc/T&A	Acces fizic	Accesul angajaţilor în birourile securizate
JFK Iris Pilot	SUA	Turism şi transport	Phys ACC/T&A	Acces fizic	Accesul la pista de decolare

---

[11]   http://www.ravirajtech.com/iris-recognition-biometric-authentication-information.html

Spitalul municipal din Hospital Bad Reichenhall in Bavaria	Germania	Asistenţă medicală	Phys ACC/T&A	Acces fizic	Sistem de acces în centre pentru copii pentru prevenirea răpirilor
Trecerea frontierei în Singapore	Singapore	Guverna-mental	Turism şi transport	Acces fizic	Scanarea irisului miilor de muncitori malaezieni care lucrează în Singapore
Programul pilot Iris la oficiul paşapoarte-lor Britanice	Marea Britanie	Guverna-mental	Identifica rea civililor	Paşapoarte	Testarea paşapoartelor biometrice
Şcoala Venerable Bede (UK) – Iris	Marea Britanie	Educaţie	Retail/A TM/POS	POS	900 de copii ai şcolii folosesc sistemul Iridian pentru acces la bibliotecă şi cantină

3.9. Avantajele tehnologiei recunoaşterii pe baza irisului faţă de celelalte tehnologii biometrice

Tabel 3.2. Avantajele tehnologiei recunoaşterii pe baza irisului

Metode	Tipul şablonului folosit	Rata identificărilor eronate	Nivel de securitate	Aplicaţii
Recunoaşterea irisului	Şabloane ale irisului	1/1,200,000	Înaltă	Înaltă securitate
Amprente digitale	Şabloane ale amprentelor	1/1,000	Medie	Universale
Forma mâinii	Mărimea şi grosimea mâinii	1/700	Scăzută	Securitate scăzută

Recunoaştere facială	Conturul, forma feţei şi forma ori amplasarea ochilor, a nasului, a gurii, etc.	1/100	Scăzută	Securitate scăzută
Recunoaşterea semnăturii	Forma literelor, ordinea şi presiunea scrierii lor	1/100	Scăzută	Securitate scăzută
Recunoaşterea vocii	Caracteristicile vocii	130	Scăzută	Servicii de telefonie

Prin comparaţie tehnologia identificării pe baza irisului este net superioară faţă de celelalte tehnologii biometrice, rata sa de eroare fiind extrem de mică faţă de următoarea în această ordine şi anume identificarea pe baza amprentelor digitale şi incomparabil mai exactă decât celelalte metode.

Capitolul 4 Recunoaşterea vocii

4.1. Introducere în tehnologia recunoaşterii vocii

Activităţile de verificare automată a vocii au un istoric îndelungat, care începe undeva în anii 1960 şi a fost o combinaţie între tehnici de recunoaştere pe baza şabloanelor, metode statistice cât şi metode de explorare şi selecţie a trăsăturilor specifice. Iniţial performanţele obţinute de aceste sisteme au fost insuficiente, dar pe măsură ce puterea de calcul a crescut şi metodele statistice şi de învăţare s-au rafinat au fost obţinute progrese semnificative.

Verificarea vorbirii/vorbitorilor SV - Speaker Verification constă în stabilirea legăturii între vorbire şi persoana care se doreşte a fi identificată. Totul pleacă de la presupunerea că aparatul vorbirii produce unde sonore pe care noi le interpretăm drept cuvinte şi sunete, care poartă cu ele identitatea vorbitorului.

Pentru a stabili identitatea sunetelor este nevoie de un model care să caracterizeze vocea vorbitorului respectiv. Odată creat un model, din probele de vorbire aflate la dispoziţie putem decide dacă vorbitorul care doreşte să se înroleze/înregistreze este cine se pretinde a fi. Dacă datele colectate se potrivesc cu modelul, atunci putem răspunde afirmativ că persoana care se doreşte a fi identificată este cea înregistrată în sistem ori altfel se respinge cererea.

Primul pas în reprezentarea vorbirii într-un mod adecvat este procesul de modelare. Scopul este de a menţine

93

dimensiunile datelor suficient de reduse pentru a nu îngreuna procesul de modelare. De asemenea, trebuie reținute suficiente informații pentru a îngreuna procesul de identificare la minim. Reprezentarea vorbirii definește un spațiu al trăsăturilor specifice, iar datele învățate definesc acest spațiu ca vectori. Când se dorește să se determine dacă un asemenea vorbitor este înscris în sistem întrebarea este dacă colecția generată de vorbitor se regăsește în datele care au fost înregistrate prin „învățare"/înregistrare anterioară.

Problema verificării vorbitorilor se poate formula astfel:
- dacă datele se regăsesc în baza de date cu vorbitori;
- dacă datele supuse verificării se potrivesc mai mult cu datele înregistrate de la alți vorbitori.

Teorema lui Bayes se folosește în sensul determinării faptului că observația x a fost generată de vorbitorul T, iar probabilitatea ca acest lucru să se întâmple se definește ca:

$$pP(T|x) = \frac{P_{T(x)}P(T)}{P_{(x)}}$$

unde, $P_{T(x)}$ este probabilitatea ca observația x să fie efectuată cu modelul T, $P(T)$ probabilitatea a priori ca vorbitorul să fie T, $p_{(x)}$ este probabilitatea observării trăsăturilor x fără a ține seama de vorbitor.

$$P_{(x)} = \alpha p_{T(x)} + (1-\alpha)p_{A(x)}$$

unde, $P_{(x)}$ este o combinație aditivă a tuturor vorbitorilor, $p_{A(x)}$ sunt toți vorbitorii, alții decât vorbitorul respectiv, iar $\alpha \in [0,1]$.

$$P(T|x) = \frac{P(T)}{\alpha + \left[(1-\alpha)p_{A(x)}\right]/p_{T(x)}}$$

unde, $P(T|x)$ exprimă probabilitatea ca vorbitorul respectiv să fie identificat funcție de rata de asemănare cu cei din clasa A, alții decât T.

Vorbitorul „țintă" ocupă o parte din spațiul caracteristicilor tuturor vorbitorilor, cu alte cuvinte se va suprapune peste fundalul sonor generat de toți ceilalți. În spațiul caracteristicilor urmărite se pot observa zone în care doi vorbitori se suprapun, iar altele în care acest lucru nu se întâmplă.

Fie $p_{T(x)}$ funcția de densitate a probabilității (pdf) a unui vorbitor, iar $p_{A(x)}$ funcția de densitate a probabilității unui vorbitor alternativ, referit și ca model universal de fundal (UBM)- Universal Background Model [WJMM05], [SHAU09], [KEBE09].

În procesul de clasificare al vorbitorilor se determină:

$$S_T = \sum_{i-1}^{N} \log p_{T(xi)} \quad \text{- pentru vorbitorul T și}$$

$$S_A = \sum_{i-1}^{N} \log p_{A(xi)} \quad \text{- pentru vorbitorul alternativ,}$$

unde N este numărul de vectori corespunzători caracteristicilor observate x_i.

Decizia este luată în felul următor:

$$S_{T,A} = S_T - S_A \geq thr_{T-A}$$

unde, thr_{T-A} este valoarea erorii pe care sistemul de verificare îl va accepta.

Există două tipuri de erori care pot apare:

• eroarea de a respinge un vorbitor în mod incorect - falsă respingere;

• falsă acceptare p_{FA} atunci când un impostor este acceptat în mod eronat de către sistem.

Ajustarea pragului permite trecerea de la un tip de eroare la alta. Prin creşterea acestui prag se va reduce frecvenţa falselor acceptări în sistem.

Schimbul dintre cele două erori este caracterizat de (ROC)- Receiver Operating Characteristic, care defineşte gradul corect de acceptare care este $(1 - p_M)$ faţă de p_{FA}. În mod corect se foloseşte o variantă a lui ROC şi anume curba DET sau curba detecţiei schimbului erorilor.

The Detection of Error Trade-off Curve [MDKOP97], care dă posibilitatea unei comparaţii directe a erorilor prin reprezentarea directă a lui p_M versus p_{FA}. Se realizează pe o scală logaritmică pentru o mai uşoară interpolare a regiunii de eroare minimă. Verificarea vorbitorilor în termeni de (pdf) este cea mai importantă abordare în domeniu, însă există şi altele la fel de interesante.

Modelarea este esenţa proiectării (SV) – Speech Verification, iar cele mai interesante sunt aşa numitele „text-independent", adică nu există cunoştinţe a priori despre ceea ce se supune spre verificare.

4.2. Modelarea caracteristicilor

Caracteristicile vorbirii şi selecţia distinctivă este cheia rezolvării problemelor de recunoaştere a şabloanelor. În esenţă, acest lucru se realizează prin distingerea mecanismului vorbirii unei persoane de celelalte. Analiza spectrală a obţinut succese în operaţiile de filtrare, ca şi în alte aspecte ale analizei vorbirii este natural să fie folosită ca bază a rezolvării problemelor de acest gen. Caracterul variabil în timp al analizei procesului vorbirii este captat prin efectuarea analizei spectrale la intervale periodice de timp. În cadrul metodei de analiză spectrală o varietate de caracteristici au fost luate în calcul în cadrul problemelor de verificare a vorbirii. Convergenţa acestor caracteristici este cunoscută sub numele de „Mel – Fecvency Cepstral Coefficients" – MDCCs, iar aceşti parametrii sunt eficient utilizaţi ca un mix al modelelor (HMM)- Hidden Markov Models.

Frecvenţa Mel reprezintă o plajă de frecvenţe liniare de la 0 la 1 Khz şi logaritmice la frecvenţe mai mari de 1. Originea acestei funcţii este la limita percepţiei umane de tonuri. Semnalul vorbirii umane este cuprins între 150 şi 3500 Hz pentru telefonie şi 50 Hz – 8 KHz pentru comunicare pe bandă largă. Analiza spectrală se obţine prin analiza scalei Mel la fiecare 0,01 secunde pe un timp de aproximativ 20 de milisecunde. Acesta produce spectrul de scala Mel şi coeficienţii Fourier ai funcţiei logaritm. În general depinde de sistem, dar sunt produşi aproximativ 12-20 astfel de coeficienţi la fiecare 0,01 secunde. Aceşti coeficienţi MFCC sunt folosiţi pentru a genera derivate spectrale prin diverse tehnici, rezultând aproximativ 24-40 caracteristici şi uneori derivatele secunde.

4.3. Modele ale vorbirii

Problemele de recunoaştere a şabloanelor sunt numeroase şi includ: reţele neuronale, modele mixte Gaussiene (GMM)- Gaussian Mixture Models şi modele/lanţuri Markov (HMM)- Hidden Markov Models, dar şi combinaţii ale acestora.

4.3.1. Modelul Mixt Gaussian

Cea mai nouă şi mai eficientă metodă de abordare a sistemelor de verificare a vorbirii este Modelul Mixt Gaussian. Aceasta este o funcţie de densitate a probabilităţii (pdf) – probability density function care constă într-o sumă de funcţii Gaussiene. Parametrii săi pot fi exprimaţi cu ajutorul funcţiei (ML)- Maximum Likehood, adică de maximă asemănare a şabloanelor cu ajutorul procedurilor de învăţare şi care inclus algoritmi de estimare maximă (EM)- Estimate Maximize [FRFE95]. În practică fiecare vorbitor are un (GMM)- Gaussian Mixture Model, care este „învăţat" pentru fiecare individ în parte, iar asemănările generate cu acest model formează baza generării scorurilor subiecţilor după care se ia decizia. În completarea metodelor de „învăţare" a maximului de învăţare - (ML)- Maximum Likehood se pot folosi şi alte metode discriminative şi adaptative.

Funcţia de probabilitate a densităţii este dată, pentru vorbitorul S prin sumă de probabilităţi ale densităţii:

$$p_S(x) = \sum_{i=1}^{M} w_{i,S}\, p_{i,S}(x)$$

unde,

$$p_S(x) = \frac{1}{(2\Pi)^{D/2} \left| \sum_{i,S} \right|^{D/2}} \exp\left\{ -\frac{1}{2}(x - \mu_{i,S})' \sum_{i,S}^{-1} ((x - \mu_{i,S})) \right\}$$

este funcţia de densitate Gausiana, D este dimensiunea vectorului x, $\mu_{i,S}$ este media pdf Gaussieni –indexate după distribuţie şi vorbitori, $w_{i,S}$ sunt ponderile asociate, $\left| \sum_{i,S} \right|$ este matricea covarianţelor considerată diagonală pentru a reduce complexitatea calculelor şi capacitatea de stocare.

Când se lucrează cu funcţii de densitate a probabilităţii, în cadrul modelelor de recunoaşterea a vorbiri, o abordare importantă este estimarea densităţii condiţionale a clasei. Acest fapt se traduce prin "învăţarea" modelelor pentru fiecare vorbitor individual din datele colectate. În cazul (GMM)- Gaussian Mixture Models parametrii modelelor sunt estimaţi cu ajutorul criteriului (ML)-Maximum Likehood. Fie $p_s(x;\Theta)$ funcţia de densitate a probabilităţii, ale caracteristicilor observate x, pentru vorbitorul S, iar ML estimat al parametrului Θ este:

$$\widehat{\Theta} = \arg\max_{\Theta} p_S(x; \Theta)$$

De multe ori nu există o metodă directă de determinare a lui ML estimate, iar metodele iterative sunt puse în aplicare. O metodă importantă iterativă de "învățare" pentru (GMM)-Gaussian Mixture Models este algoritmul EM, care este folosit destul de des în rezolvarea problemelor de recunoaşterea a vorbirii. Dacă modelul pentru vorbitorul vizat a fost estimat într-o manieră a condiționărilor în cadrul clasei, atunci când se pune problema deciziei unei identități incerte se foloseşte un model alternativ şi anume (UBM)- Universal Background Model. Acest model alternativ va consta într-o colecție de modele ale vorbitorilor care au fost "învăţaţi" în acelaşi mod ca şi vorbitorul vizat. Se poate folosi un set extins pentru toţi vorbitorii, dar poate fi şi un set de vorbitori selectaţi, care se aseamănă cu vorbitorul vizat. Asemănarea generată de acest model alternativ este de obicei media asemănărilor tuturor vorbitorilor din acest set. Există şi variante ale acestei metode, cum ar fi luarea în calcul numai a rezultatelor care se aseamănă strict cu cele mai apropiate din mulţimea vorbitorilor. (UBM)-Universal Background Model este construit din combinaţia mai multor vorbitori, care sunt aleşi din întreaga populaţie de vorbitori după criterii cum ar fi sexul persoanei sau canalul de comunicaţie prin care se face vorbirea.

4.3.2. Modele condiționale în cadrul clasei - învățare discriminatorie

Când se aplică procedurile de "învățare" discriminativă se evidențiază mai cu seamă inadecvarea modelului sau a datelor. Acest lucru nu înseamnă că modelul discriminativ ne ajută să rezolvăm toate problemele legate de recunoașterea vorbirii, dar este o alternativă utilă. Întrebarea cea mai importantă în cazul acestor tipuri de abordări este "Cum se pot selecta parametrii modelului astfel încât să maximizeze performanța în scopul nostru de a separa vorbitorii". Pentru a realiza acest lucru trebuie să abandonăm criteriul ML și să folosim o metodă de învățare în favoarea sistemelor de verificare a vorbirii (SV) – Speech Verification. Performanța sistemelor de verificare a vorbirii se măsoară cu o funcție ROC sau DET.

4.3.3. Modele condiționale prin adaptare

Procesul creării modelului vorbirii prin adaptare începe cu enunțarea modelului generic al vorbitorului și folosește în acest scop datele colectate chiar de la vorbitor. Acest model mai este referit și ca (UBM)- Universal Background Model și este modelat cu ajutorul (GMM)- Gaussian Mixture Model și „antrenat" de sute de vorbitori. Procesul de adaptare a modelului la un vorbitor anume constă în calcularea valorilor pentru fiecare vector, asemănarea pentru fiecare termen din (UBM)- Universal Background Model. Această asemănare este apoi transformată în probabilitatea ca fiecare vector să provină

101

din fiecare termen. $\Pr(i|x)$ exprimă probabilitatea ca vectorul caracteristic x să provină din al i- lea pdf Gaussian. Aceste probabilități sunt apoi folosite pentru a calcula medii și varianțe Gaussiene. Aceste valori sunt interpolate cu valorile originale pentru a da noi parametrii pentru pdf -ul Gaussian cât și noi valori medii. Dacă printre parametrii modelului original se regăsesc și probabilități diferite de zero, atunci parametrul rămâne neschimbat în noul model. Unul dintre marile avantaje ale folosirii acestui model este eficiența folosirii datelor "învățate". Procesul adaptării încorporează în (UBM)- Universal Background Model diferențele specifice vorbitorului. Reprezentarea diferențelor poate fi mai eficientă decât reprezentarea întregului model. Un alt element interesant este acela că în procesul de estimare al diferențelor dintre vorbitorul vizat și UMB se creează un model de "învățare" discriminativă fără a enunța un criteriu în acest sens. Folosirea modelelor adaptative în legătură cu UBM este un mod eficient de a folosi volume mari de date, de aceea în cazul în care datele nu sunt suficiente sau nu sunt corespunzătoare , atunci abordarea este mai puțin eficientă.

4.3.4. Abordările discriminative inerente

Rețelele neuronale, (SVM)- Support Vector Machines și modelele de clasificare de tip arborescent au în comun faptul că procesul de "învățare" realizează separarea în două sau mai multe clase, spre exemplu, vorbitorii vizați de cei care nu sunt vizați în procesul decizional. Separarea se realizează implicit sau explicit. Astfel, în cazul SVM [ABE10] o funcţie liniară separă aceste spaţii ale soluţiilor. Metodele de clasificare arborescente implică metode de selecţie recursive pentru determinarea limitelor claselor. Modelele reţelelor neuronale nu urmăresc în mod special determinarea limitelor decizionale, dar urmăresc crearea unui model pentru P – vorbitori, care este în mod implicit discriminativ devreme ce modelul necesită observaţii legate de vorbitori şi ceea ce nu provine de la vorbitori, iar criteriul de maximizare este puternic corelat cu clasificarea cât mai corectă.

Tehnicile discriminative pot fi folosite ca bază pentru sistemele de verificare a vorbirii. Spre exemplu Schmidt şi Gish [SCGI96] au aplicat modelele SVM pentru rezolvarea problemelor SV, în timp ce Farrel [FMA94] a implementat un sistem care a combinat reţelele neuronale cu metode de clasificare arborescentă, dar exemplele şi combinaţiile folosite sunt mult mai multe. Cu toate acestea alegerea modelelor este o artă şi trebuie luate în considerare cât mai multe posibilităţi. În mod curent (GMM)- Gaussian Mixture Models s-au dovedit a fi adaptate majorităţii situaţiilor, dar există şi modele discriminative cum sunt reţelele neuronale, care dau rezultate foarte bune în situaţii când sunt puţine date la dispoziţie şi sunt folosite pentru determinarea limitelor dintre clase în locul modelării lor separate şi a combinării ulterioare.

4.4. Metode adiţionale pentru managementul variabilelor

Metodele statistice nu sunt mereu suficiente pentru a efectua teste, astfel încât sunt folosite şi alte tehnici pentru îmbunătăţirea (SV)-Speech Verification cum este modelarea şi normalizarea canalului de comunicaţie.

Canalul de comunicaţie cuprinde întreaga legătură de comunicare prin care vocea vorbitorului ajunge la receptor. Faptul că acest canal poate varia semnificativ din momentul în care vorbitorul se înregistrează în sistem faţă de momentul când este efectuată o nouă verificare poate degrada procesul de verificare al performanţelor, dacă aceşti parametrii nu sunt corect luaţi în considerare. Desigur modelul statistic nu poate lua în calcul aceşti factori din moment ce nu au fost prezenţi şi în momentul înregistrării utilizatorului. Alternativa o constituie normalizarea canalului de comunicare şi anume se urmăreşte atenuarea acestor factori. Dacă presupunem faptul că acest canal poate fi modelat printr-o funcţie liniară invariabilă în timp, atunci se poate aproxima efectul pe care îl are „canalul" asupra trăsăturilor specifice ale vorbitorilor.

Fie

$c_{s,n}$ - vectorul spectal la un moment dat n,

$c_{r,n}$ - vectorul spectral recepţionat,

atunci,

$$c_{r,n} = c_{s,n} + c_{ch}$$

unde, c_{ch} - este contribuţia spectrală a canalului.

Contribuţia canalului este aditivă deoarece coeficienţii spectrali sunt coeficienţi Fourier ai spectrului logaritmic. De asemenea, trebuie notat faptul că contribuţia canalului c_{ch} nu depinde de indexul n, din cauza presupunerii noastre că acest canal nu depinde de timp. Dacă se elimină valoarea medie a coeficienţilor spectrali, se va obţine normalizarea standard a canalului (CMS)- Cepstra Mean Substraction. Cu toate că această metodă de normalizare este eficientă poate ignora anumite informaţii ale vorbitorilor. Devreme ce vorbitorilor le corespunde fiecăruia o valoare medie spectrală, $c_{s,n}$ conţine o valoare medie care depinde de vorbitor, dar (CMS)- Cepstra Mean Substraction o va exclude şi pe aceea. Cu toate presupunerile legate de liniaritatea canalului şi independenţa acestuia faţă de timp, în modul cel mai strict meritul acestei normalizări poate fi văzut în felul în care datele sunt centrate în jurul originii în spaţiul soluţiilor (caracteristicilor) şi compensează efectul eventual perturbator al canalului de comunicare producând astfel translatarea valorilor datelor.

4.4.1. Normalizarea scorurilor vorbitorilor

În literatura de specialitate, în ultima perioadă s-a pus accentul pe aşa numita normalizare a scorurilor. Scopul este acela de a exprima variabilitatea scorurilor, astfel încât scorurile vorbitorilor să fie evaluate ca o singură colecţie de vorbitori. Dacă vorbitorul B are mereu scoruri mai bune decât orice impostor şi are scorul combinat cu al unui vorbitor C care are de asemenea scor foarte bun, totuşi evaluarea acestora ca un singur set ar putea fi ineficientă în lipsa unei normalizări. Se poate întâmpla ca fără normalizare scorurile impostorului C să fie mai bune decât ale vorbitorului B. Abordarea acestei probleme implică transformări simple, care presupun aducerea mediei scorurilor la zero și a varianței unitare.

Dacă $s_{T,A(k)}$ este scorul generat de impostorul k în procesul "învățării", $\mu(s_{T,A(k)})$ media și $\sigma(s_{T,A(k)})$ deviația standard a tuturor scorurilor impostorilor vis-a-vis de vorbitorul vizat, atunci scorul acestuia ar fi:

$$s_{T,A,norm(k)} = \frac{s_{T,A(k)} - \mu(s_{T,A(k)})}{\sigma(s_{T,A(k)})}$$

Acest indicator se numește transformata Z și se obține din datele generate de impostori în timpul procesului se învățare. Când scorurile impostorilor sunt generate în timpul testărilor, chiar de la vorbitori impostori acest indicator se cheamă transformata T. Normalizarea poate fi posibilă și dacă se realizează și prin intermediul unui canal telefonic și se numește transformata H.

4.4.2. Sisteme de verificare a vorbirii cu restricții de text

În cadrul sistemelor în care se poate face o limitare a textului care este verificat, spre exemplu în cazul sistemelor de acces performanța verificării se îmbunătățește considerabil. În cazul în care textul este cunoscut în avans există avantajul de a avea modele adaptate la modul în care vorbitorii rostesc secvența respectivă. Se obțin astfel avantaje majore față de sistemele independente de text. Una din abordările folosite în cazul situațiilor dependente de text a fost o metodă numită (DTW)- Dinamic Time Warping, o metodă non-statistică bazată pe șabloane. Un astfel de sistem este prezentat de Furui [FURU81], care în esență realizează o regăsire a șirului de caracteristici între șabloanele memorate anterior. Regăsirea se realizează cu succes în cadrul a ceea ce se numește o variabilitate normală a ritmului vorbitorului. Se folosește un algoritm de programare dinamic pentru a determina alinierea dintre șirul caracterelor în cadrul a ceea ce se recepționează și a șablonului memorat anterior. Asemenea abordări sunt folosite încă în prezent din cauza faptului că produc rezultate utile cu volum limitat de date și capacități computaționale limitate. În cazul în care volumul de date este suficient se folosesc (HMM)-Hidden Markov Models [GAYO08], care sunt folosite în cele mai avansate abordări și sunt mult mai eficiente decât (DTW)-Dinamic Time Warping, în scopul caracterizării variabilității sistemului.

Modelarea (HMM)-Hidden Markov Models constă într-o secvență de stadii GMM)- Gaussian Mixture Models. Cuvintele constau într-o secvență de unități fonetice și folosirea a trei stadii HMM pentru a modela un cuvânt. Ca o simplificare putem considera HMM ca o secvență GMM, fiecare corespunzătoare unei părți anume a unui cuvânt.

Folosirea textelor redefinite impune constrângeri de conținut ale textului, modelul acustic a crescut în complexitate în timp ce toate celelalte caracteristici au rămas identice.

4.5. Măsurarea performanţei

Performanţa sistemelor de verificare a vorbirii se poate comensura în probabilitatea unei false respingeri faţă de probabilitatea unei false acceptări. Pe măsura modificării parametrilor sistemului se va obţine o colecţie de valori care vor reprezenta (DET) -Detection Error Trade-Off Curve-curba detecţiei erorilor generate de modificări simultane ale parametrilor. De regulă, curba DET este discontinuă având puţine date de test şi semnificativ mai multe date ale impostorilor. O abordare interesantă a (NIST) -National Institute of Standards and Technology [MAPR00] tratează toate datele/scorurile individuale ca şi cum ar proveni de la un singur vorbitor pentru a crea curba DET compozită. În aceste condiţii normalizarea scorurilor este o problemă importantă pentru a evita alterarea performanţelor măsurate diferiţilor vorbitori.

Dacă sistemul presupune modificarea parametrilor în funcţie de vorbitor sau de canalul de comunicaţie, atunci normalizarea este necesară, iar curba DET compozită produsă de un astfel de proces de normalizare poate produce indicatori de performanţă a sistemului. În cazul în care sistemul poate fi modificat din punctul de vedere al parametrilor vorbitorilor (dar nu şi din punctual de vedere al canalului) un mod mult mai bun de combinare a scorurilor ar fi combinarea curbelor individuale DET. Dacă această procedură nu necesită normalizarea indicatorilor, ajustarea ar putea fi necesară pentru variaţiile indicatorilor individuali ai vorbitorilor. În concluzie, metoda de măsurare a performanțelor trebuie să fie corelată cu felul în care sistemul este implementat. În timp ce curbele DET și ROC oferă un volum mare de informații despre sistemul de verificare al vorbirii, este de cele mai multe ori de dorit ca performanța sistemului să fie exprimată printr-un singur indicator pentru a facilita comparațiile. Indicatorul referit cel mai adesea este (EER)- Equal Error Rate, punctul de pe DET sau ROC în care probabilitatea falsei respingeri este egală cu cea a falsei acceptări. ERR și-a găsit o mare aplicabilitate, utilitate și acceptare din partea tuturor chiar dacă nu este un indicator operațional foarte practic pentru sistem. Un alt indicator de performanță este (DCF)- Detection Cost Function – înseamnă asignarea costurilor corespunzătoare fiecărui tip de eroare.

În final fiecare utilizator trebuie să determine factorii de performanță de cea mai mare importanță și să realizeze măsurătorile în concordanță cu aplicația care o folosește.

Factorii care afectează performanța unui astfel de sistem sunt numeroși: volumul de date folosit în cadrul procesului de învățare, durata pe care s-a efectuat evaluarea datelor, variabilitatea și tipul canalelor de comunicație implicate, protocoalele pe care le implică aceste sisteme, constrângerile legate de text și altele. În cazul verificărilor independente de text cu volum mic de date de test și variabilitatea canalului de transmisie se estimează o valoare a lui EER între 5% și 20%. Un sistem care dispune de un volum mare de date de test și învățare și care folosește câteva surse pentru obţinerea informaţiilor şi verificarea vorbitorilor EER este undeva sub 1%. În cazul sistemelor dependente de text EER va fi chiar mai mic decât 1%, dar din nou depinde de o sumă de factori.

4.6. Abordări alternative legate de recunoaşterea vorbirii

Indicii spectrali extraşi din procesul vorbirii au fost consideraşi până acum ca independenţi de timp şi nu au implicat informaţii de nivel înalt în cadrul procesului vorbirii (categorii fonetice) luând în considerare în principal caracteristicile generale ale vocii indivizilor în scopul identificării lor. În timp au existat tentative de folosire a variatelor categorii de unităţi fonetice în procesul verificării, dar avantajele discriminative obţinute prin utilizarea lor au fost minimizate de imposibilitatea extragerii corecte a acestora din cadrul vorbirii sau datorită variatelor canale de comunicare. Totuşi, datorită îmbunătăţirilor la nivelul vorbirii sau ale fonemelor aceste abordări au devenit alternative importante la abordările bazate pe informaţii de nivel de bază.

Unul dintre primii utilizatori ai sistemului recunoaşterii vorbirii a fost Dragon Systems[12]. Abordarea lor a constat în abilitatea sistemelor de recunoaştere de a da informaţii acustice de nivel înalt (legate de unităţile fonetice). Pentru a adapta modelele în scopul recunoaşterii vorbitorilor au folosit procedurile de învăţare Baum-Welch HMM. Procesul de

---

[12] http://www.nuance.com/naturallyspeaking/

evaluare a presupus realizarea recunoașterii vorbirii în cadrul unui test restrâns și compararea indicatorilor legați de unitățile fonetice ale vorbitorilor incluși în procesul de învățare, având scoruri obținute cu ajutorul unei metode de recunoaștere independentă de vorbitor. Această comparație a generat scoruri normalizate după care s-au realizat deciziile respective.

Gauvain [GLP95] descrie un sistem de identificare bazat pe foneme. Învățarea în cadrul modelului acustic a fost obținută cu ajutorul modelului HMM. Modelul a constat în captarea modului în care un vorbitor folosește avantajul în scopul învățării tranzițiilor dintre foneme. Acest mod implicit de a însuși limbajul vorbitorului sau idiolectul se dovedesc destul de importante în sporirea performanțelor.

Doddington[13] a demonstrat faptul că frecvența apariției bigramelor, de exemplu perechi de cuvinte, care conțin un volum mare de informații specifice vorbitorului. Bigramele s-a dovedit că conțin informații dependente de vorbitor, dar extragerea unor astfel de caracteristici necesită mult mai multă învățare decât se folosește în mod normal.

Andrews [AKCGC02] a demonstrat că informațiile vorbitorilor bazate pe analiza cuvintelor ar putea fi captate de sistemele de recunoaștere a fonemelor. S-a arătat astfel că importante informații se pot obține din secvențe de trei foneme – tri- foneme și frecvența apariției lor. A arătat că

---

[13] G. Doddington, Some experiments in ideiolectical differences among speakers, January, 2001.Available online at http://www.nist.gov/speech/tests/spk/2001/doc/

informaţii semnificative se pot obţine chiar dacă sistemul de recunoaştere nu funcţionează în limba vorbitorului.

Andrews [AKC01] a realizat o extensie şi o combinaţie între informaţiile despre limbaj şi informaţiile acustice, abordări care se completează.

Johns Hopkins 2002 Speech and Language Workshop a exploatat volume mari de date "învăţate" şi testate în cadrul procesului de recunoaştere folosind informaţii acustice, lexicale (legate de ritm şi intonaţie). Diferitele componente au fost în mod eficient combinate astfel încât s-a reuşit un rezultat foarte bun în cadrul recunoaşterii vorbirii, chiar la nivel conversaţional.

Problema verificării vorbirii/vorbitorilor este una foarte interesantă datorită variabilităţii datelor, modului în care vorbesc indivizii şi a canalului de comunicaţie.

4.7. Aplicaţii ale recunoaşterii vocii

Unul dintre cei mai vechi algoritmi cu cel mai mare succes a fost dezvoltat de către Texas Instruments „TI algoritm" şi este încă folosit pentru scopuri comerciale.

Anii 1990 sunt martorii celei mai înfloritoare dezvoltări a recunoaşterii vocii umane şi mai mult decât atât, comercializarea produselor de acest gen.

Algoritmii folosiţi sunt diverşi şi includ de la modele Markov, clasificatori Gaussieni, reţele neuronale cu un plus de performanţă.

Astăzi numărul aplicaţiilor de recunoaştere a vocii sunt într-o creştere continuă şi susţinută. Ele realizează o gamă largă de funcţii de la monitorizarea persoanelor lipsite de libertate, securizarea datelor şi a reţelelor de date, protecţia clădirilor şi a altor locaţii, monitorizarea angajaţilor companiilor cât şi securitatea tranzacţiilor prin telefon.

Spre exemplu, BMC Software Inc. Se ocupă cu realizarea de soluţii informatice pentru întreprindere şi pentru cazuri în care se impun măsuri de recuperare a datelor şi aplicaţiilor în medii computaţionale complexe. Este un lider în această industrie, având un venit anual de circa 1,2 miliarde de dolari. BMC are birouri în mai multe locaţii de pe glob. Mulţi dintre angajaţi deţin parole pentru una sau mai multe aplicaţii folosite în interiorul BMC. Se întâmplă ca angajaţii să uite parolele şi să trebuiască să fie resetate. În mod normal o parolă se resetează în mai puţin de un minut dar la BMC Software durează o zi sau chiar mai mult. Motivul este faptul că s-a încercat prevenirea recunoaşterii automate a vocii. Un angajat care cere resetarea parolei se adresează compartimentului tehnic (helpdesk) utilizând (IVR)- Interactive Vice Response şi Voice mail după care se aşteaptă ca un tehnician să preia cererea. În acest caz recunoaşterea automată a vocii a fost implementată pentru a oferi o metodă sigură şi automatizată pentru resetarea parolelor in timp util. Angajaţii care au nevoie să reseteze parola trebuie să sune la compartimentul tehnic şi să folosească (IVR)-Interactive Voice Response oferind în această manieră două ID-uri şi numai în cazul în care verificarea se

113

încheie cu succes este direcţionat către sistemul de resetare al parolei. Sistemul a fost implementat în ianuarie 1999 pentru toţi angajaţii. Compania nu a înregistrat dificultăţi în legătură cu tehnica verificării vocii şi intenţionează să extindă şi la alte aplicaţii.

Piaţa tehnologiilor biometrice de recunoaştere a vocii va continua să crească pentru un timp. Sistemele de identificare şi verificare a vocii vor fi integrate pe viitor cu alte tehnologii. Există deja pe piaţă produse care se bazează pe mai multe tehnici biometrice cum ar fi: identificarea, separarea, recunoaşterea vocii şi recunoaşterea facială realizând stocarea şi indexarea surselor audio şi video.

În zilele noastre programele de calculator pentru recunoaşterea vocii au atins rata de 95% în privinţa acurateţei şi sunt capabile să recunoască 160 de cuvinte pe minut. Recunoaşterea computerizată a vocii s-a îmbunătăţit pe măsură ce puterea de calcul a PC-urilor a luat avânt. Recunoaşterea vocii face uz de anumite domenii ale inteligenţei artificiale pentru a stabili cuvintele rostite de interlocutor. Este foarte adevărat şi faptul că tehnicile iniţiale de recunoaştere a vocii necesitau multe corecţii manuale însă soft-urile specializate din zilele noaste funcţionează foarte bine, cu acurateţe net superioară cu intervenţie minimală din partea utilizatorului. Recunoaşterea computerizată a vocii va continua să se îmbunătăţească însă chiar şi un utilizator obişnuit poate să constate sporirea productivităţii muncii sale prin folosirea acestei tehnici decât prin introducerea textelor de la tastatură.

Programele de calculator pentru recunoaşterea vocii sunt deja prezente în sectorul utilizatorilor casnici şi în sectorul business şi sunt realizate de o varietate de producători.

Prima realizare de notorietate în domeniul recunoaşterii vocii a fost o jucărie pe numele său „Radio Rex". Jucăria consta într-o căsuţă şi un căţel care la auzul numelui său „REX" ieşea din căsuţa sa. Căţelul era ţinut în căsuţă printr-un electromagnet care era încărcat atâta vreme cât prin circuit circula curentul electric. În acest circuit exista o punte care era sensibilă la energie acustică de 500 cps. Energia vocalei din cuvântul „Rex" provoca vibraţia punţii şi întreruperea curentului în circuit care elibera un resort şi îl scotea pe Rex din căsuţă. Rex a fost pionierul recunoaşterii vocii.

Ca o parte a războiului cu Rusia, Departamentul de Apărare al Statelor Unite a sponsorizat prima academie care se ocupa cu recunoaşterea vocii la finele anilor 1940. În încercarea de a intercepta şi decodifica mesajele ruseşti, Statele Unite au văzut oportunitatea de a dezvolta un translator automat. Prima şi cea mai mare problemă a fost realizarea unui program care să recunoască vocea, respectiv vorbirea. Proiectul a fost un eşec, frazele erau greşit traduse şi conţineau erori.

În ciuda eşecului lamentabil interesul şi preocuparea pentru acest domeniu era în creştere. Ca rezultat guvernul Statelor Unite a iniţiat un program numit Speech Understanding Research (SUR)-Cercetarea recunoaşterii vorbirii - în cadrul Universităţii Carnegie Mellon, MIT şi în câteva instituţii cu caracter comercial. Agenţia care a fondat această cercetare se numeşte Defese Advanced Research Project Agency (DARPA)- Agenţia proiectelor de cercetare avansată în domeniul apărării.

În anul 1952 laboratoarele Bell, printr-o cercetare finanţată de guvern a realizat un sistem de recunoaştere automată a vorbirii, care putea identifica cu succes cifrele de la 0 la 9 prin intermediul telefonului.

În anul 1959 MIT a dezvoltat un sistem care recunoştea cu o exactitate de 93% vocalele.

În anul 1966 un sistem care lucra cu 50 de cuvinte din dicţionar a fost testat cu succes.

La începutul anilor 1970 sistemul SUR a început să dea rezultate în forma programului HARPY. Acest sistem putea recunoaşte propoziţii întregi care conţineau un număr de structuri gramaticale. Acest program necesita o putere de calcul imensă, 50 de computere din cele mai avansate pe vremea aceea reuşeau să facă acest lucru.

În anii 1980 modele Markov –Hidden Markov Models (HMM) au devenit abordarea statistică standard pentru computere.

În acel moment doar trei mari obstacole existau în calea comercializării acestei tehnici:

a. Era necesară o putere de calcul imensă care nu exista la acea vreme;

b. Posibilitatea de a recunoaşte vorbirea oricărei persoane, nu numai a acelora pentru care s-a dezvoltat sistemul;

c. Continuitatea vorbirii astfel încât să nu fie nevoie de pauze între cuvinte.

Succesele înregistrate între anii 1950 şi 1980 au câştigat mai mult interes şi atenţie previzionând posibilitatea recunoaşterii continue a vorbirii.

În anii 1960 cercetătorii lingvişti au înţeles că trebuie să descompună tehnologia recunoaşterii vorbirii până la nivelul fonemelo, fragmentele vocale care realizează cuvinte inteligibile. Până în anii 1980 cercetătorii au avut la dispoziţie mai multă putere de calcul pentru a implementa rutinele de recunoaştere prin înlănţuirea fonemelor. Cu toate acestea puterea de calcul încă inhibă recunoaşterea vorbirii.

Speechworks şi Dragon Systems devin cei mai mari producători în domeniul tehnologiei recunoaşterii vorbirii. În completarea faptului că aceste două companii se luptă pentru supremaţie mai este şi faptul că puterea computaţională creşte şi mai ales faptul că necesităţile tehnice ale acestor soft-uri sunt în scădere de asemenea.

În anul 1996 compania Charles Schwab a fost prima companie care a implementat sistemul de recunoaştere al vorbirii pentru interfaţa cu consumatorii.

În anul 1997 Dragon Systems a realizat „Naturally Speaking" primul soft pentru dictare continuă (fără a fi necesare pauze între cuvinte).

În anul 2002 TellMe realizează primul portal vocal, iar mai târziu în acelaşi an NetByTel a lansat primul portal pentru completarea formularelor web prin intermediul telefonului.

Compania Nuance prin produsul Dragon Naturally Speaking 12 a realizat cel mai complet software pentru dictare în limba engleză, cu aplicabilitate în numeroase domenii. În principiu acest produs poate fi folosit pentru dictare în cadrul procesoarelor de text, editării e-mail-urilor şi în cadrul altor produse.

Capitolul 5 Recunoaşterea facială

5.1. Introducere în tehnologia recunoaşterii faciale

Din punct de vedere biometric face parte din categoria de metode de verificare şi identificare bazate pe unicitatea modului cum arată şi se comportă persoanele.

Caracteristicile bazate pe înfăţişare/aparenţă includ următoarele: forma/amprenta palmară, amprenta digitală, ochii, irisul, retina şi faţa, în timp ce caracteristicile comportamentale includ: vocea, recunoaşterea modului cum se apasă tastele computerului şi mersul unei persoane.

Din punctul de vedere al gradului de cooperare necesar recunoaşterii cu ajutorul metodelor biometrice există:

- metode active de recunoaştere: recunoaşterea automată a amprentei digitale, a vocii, captarea imaginii irisului şi a retinei;
- metode pasive: recunoaşterea facială.

Recunoaşterea facială nu depinde de cooperarea persoanelor care se urmăresc a fi identificate şi apoi este una dintre metodele care nu restricţionează şi nu fac obiectul încălcării intimităţii individului. În practică, cu ajutorul camerei video se captează imaginea persoanei, apoi cu ajutorul algoritmilor specifici se procesează datele primite, se detectează, se urmăreşte şi se recunoaşte persoana respectivă, de cele mai multe ori persoane căutate pentru terorism sau trafic de droguri. Recunoaşterea facială permite recunoaşterea computerizată a persoanelor cu ajutorul geometriei şi folosind metode statistice derivate [DGB08]. Cu toate că pentru persoane este foarte uşor să recunoască alte persoane, pentru a construi un algoritm care să recunoască automat acest lucru este o mare provocare. Complexitatea rezidă, mai ales din variatele feluri în care stimulii vizuali se prezintă în varii situaţii, cum ar fi condiţiile de iluminare, expresia feţei, îmbătrânirea, părul facial, ochelarii sau cosmeticele.

Problema a rămas în mare parte nerezolvată cu toate că a implicat sute de oameni de ştiinţă din diverse medii de activitate [PBJ00]. Recunoaşterea facială pune la dispoziţie tehnologii de vârf în aplicaţii comerciale, judiciare şi militare. Un sistem vizual automatizat care să îndeplinească funcţii de detectare, verificare şi recunoaştere va putea realiza nenumărate aplicaţii care să fie folosite fără participarea indivizilor în mod direct. Aceste sisteme trebuie să fie invizibile pentru persoane şi ar putea fi folosite în scopul securităţii aeroporturilor, sisteme de control-acces, monitorizarea accesului în ambasade sau alte instituţii guvernamentale, dar şi pentru implementarea unor medii inteligente la birou, acasă sau în maşină[14].

5.2. Implementarea metodei recunoaşterii faciale

Paşii implementării tehnologiei:
- detectarea şablonului feţei;
- urmărirea feţei într-o secvenţă video;
- verificarea facială;

---

[14] C. Fong, ”Will biometrics measure up to the future?”, http://edition.cnn.com/2008/TECH/12/12/digitalbiz.biometrics/

- recunoașterea facială.

Detectarea este o metodă de învățare a modelelor statistice ale feței și a celor care nu aparțin feței.

Urmărirea feței indivizilor poziționează mișcarea feței într-o secvență de imagini bazate pe traiectoriile lor anterioare și estimează poziția curentă și viitoare a acestora.

Verificarea facială se bazează pe validarea/autentificarea unei identități presupuse și răspunde la întrebarea „Este persoana din sistem care pretinde că este?"

Recunoașterea facială presupune recunoașterea unei persoane dintr-o bază de date de indivizi cunoscuți.

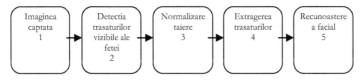

Figura 5.1. Diagrama bloc a sistemului de recunoaștere facială

a. imaginea este prezentată sistemului de detecție;

b. sistemul realizează detecția feței și a trăsăturilor vizibile;

c. tăierea și normalizarea spațială realizează alinierea centrilor oculari și determină numărul de pixeli ale distanței interoculare, prin transformare, rotație și scalare;

d. extragerea regiunii faciale sau altfel spus separarea ei de ceilalți factori care nu sunt strict legați de trăsăturile feței, cum ar fi coafura;

e. normalizarea intensității, care convertește regiunea facială într-un vector prin concatenarea rândurilor sau coloanelor și apoi normalizarea pixelilor în cadrul vectorului cu media zero şi varianţa unitară. În final sistemul extrage trăsăturile care sunt dominate pentru efectuarea recunoaşterii.

Realizările/performanţele producătorilor de echipamente de acest tip sunt consemnate în rapoarte întocmite de către aceştia. Astfel, FRVT - Face Recognition Vendor Test 2002[15] consemnează că:

• în condiţii de iluminare normală în interior, performanţele sistemului se ridică la 90% rată de succes şi 1% rată de falsă acceptare;

• în condiţii de iluminare în exterior, performanţa sistemului este de 50% rată de succes şi 1% rată de falsă acceptare;

• modelele tridimensionale sunt realizate în scopul îmbunătăţirii recunoaşterii faciale chiar non-frontale şi arată că iluminatul şi celelalte condiţii concrete care pot interveni sunt de natură să facă din acest demers o provocare.

5.3. Detecţia feţei

Aceasta este prima fază în cadrul sistemului automat de recunoaştere a feţei pentru că trebuie să fie localizată în imaginea de ansamblu înainte de a fi recunoscută. Studiile iniţiale ale aplicării procedeelor de recunoaştere facială au fost legate de regăsirea şabloanelor, filtrare pe baza şabloanelor flexibile. Abordările mai recente accentuează tehnicile de învăţare pe baza datelor existente cum ar fi: modele statistice

---

[15] P.J.Phillips, P.Grother, R.J.Micheals, D.M.Blackburn, E.Tabassi and J.M.Bone, FRVT 2002:Evaluation report. Technical report, March, 2003.Available online at http://www.frvt.org/

[SCKA00] metode de învăţare pe baza reţelelor neuronale [HAYK08], modele SVM - Support Vector Machine [HPP08], [HO01], [MPP01], lanţuri Markov (random field based methods) [DAJA01] şi metode de recunoaştere facială pe baza culorilor.

Metodele statistice se bazează pe o estimare a distribuţiilor şabloanelor.

Algoritmii neuronali „învaţă" să facă diferenţa dintre şabloanele care reprezintă feţele indivizilor, prin exemple, fără a implica proceduri explicite.

Moghaddam şi Pentland au aplicat metode de învăţare nesupervizată pentru a estima densitatea multidimensională a „eigenface"-vectorilor. În loc să folosească PCA-Principal Component Analysis pentru a reduce dimensiunile au implementat decompoziţia „eigenface"-vectorilor ca o parte integrantă pentru estimarea funcţiei de densitate probabilistică –(pdf).

Sung şi Pogio au prezentat o metodă de învăţare prin exemplu prin modelarea distribuţiei şabloanelor care reprezintă feţe şi a celor care nu le reprezintă. Au ales empiric şase zone Gauss pentru modelarea distribuţiilor şabloanelor feţei şi a celor care nu aparţin feţei. Funcţiile de densitate a feţei sunt apoi procesate de un sistem de percepţie multi-nivel pentru detecţia feţei.

Scheiderman şi Kanade au propus un sistem de estimare a probabilităţii care captează concomitent statistica aspectului local şi al poziţiei.

Liu a prezentat o metodă de multiplă detecţie a feţei bazată pe trăsăturile Bayesiene Discriminante (BDF)-Bayesian Discrimination Features. În timp ce zona feţei este modelată ca o distribuţie normală, celelalte regiuni sunt mult mai greu de definit şi includ „tot ce este în afara feţei".

Rowley a dezvoltat un algoritm bazat pe reţele neuronale, un sistem frontal de detecţie al feţei, care examinează mici porţiuni ale imaginii şi decide dacă aceasta conţine sau nu faţa unui individ. Detectorul a fost „învăţat" cu ajutorul unui număr mare de exemple, care conţin sau nu feţele indivizilor, cu ajutorul unui set de filtre neuronale şi un indicator care combină filtrele individuale şi ia decizia finală.

5.4. Recunoaşterea facială-reprezentare şi clasificare

Sistemele robuste de recunoaştere facială trebuie să îndeplinească două condiţii:

• reprezentarea trăsăturilor se face la dimensiuni reduse pentru a putea fi eficient comprimate;

• posibilităţi avansate de diferenţiere în vederea clasificării.

Dintre tehnicile de reprezentare cele mai cunoscute sunt:

a. PCA – Principal Component Analysis este folosită pentru reprezentarea imaginilor bidimensionale, sens în care Turk şi Pentland [TUPE91] au dezvoltat o metodă numită „eigenfaces", care corespund „eigen"-vectorilor care sunt asociaţi cu cele mai mari valori ale valorilor „eigenvalues" ale matricei covarianţelor. „Eigenfaces" („eigen"-vectorii)

[STJA11] definesc spaţiul feţei şi reduc drastic dimensiunea spaţiului original. Cu toate că PCA produce o reducere a dimensiunii nu dă garanţii în privinţa discriminării devreme ce nu sunt implicate astfel de criterii. Pentru mai bune rezultate ale aplicării metodei se poate integra cu clasificatori Bayes - criteriul optim de clasificare [LIWE00a]. Această metodă numită (PRM) - Probabilistic Reasoning Models, aplică mai întâi PCA pentru reducerea dimensiunii, iar apoi realizează varianţa în cadrul clasei, pentru a estima matricea covarianţei pentru fiecare clasă, cu scopul de a determina funcţia de densitate probabilistică condiţională. În final metoda PRM aplică metoda „Maximum A Posteriori" (MAP) pentru clasificare. Decizia MAP optimizează separabilitatea claselor în sensul erorilor Bayes şi se îmbunătăţeşte cu ajutorul metodei PCA, care aplică un criteriu independent de erorile Bayes.

b. „Shape and texture" (shape-free image) este un proces în două etape şi se aplică odată ce forma feţei a fost localizată [BPF09]. Se fac „adnotări" ale punctelor care aparţin sau nu conturului feţei, se translatează, se scalează şi se supun rotaţiei dacă este necesar. Media punctelor de control vor defini liniile predominate ale feţei. La pasul următor se stabilesc texturile feţei. Beymer realizează o reprezentare vectorizată a imaginii din punctul de vedere al formei şi texturii. Crow şi Lanitis au dezvoltat clasificatori Mahalanobis şi recunoaşterea facială folosind reprezentarea formelor şi texturii. Distanţa Mahalanobis [DOU13] este măsurată ţinând cont de matricea covarianţelor pentru toate clasele cu scopul de a reprezenta

125

varianţele de-a lungul tuturor axelor dându-se semnificaţii egale prin acordarea unei importanţe mai mari componentelor corespunzătoare valorilor mai mici ale „eigen"-vectorilor („eigenvalues") [BLSP09]. Acordarea importanţei corecte nu diferenţiază varianţa inter-clase de varianţa intra-clasă.

Edwards a prezentat un alt clasificator al distanţelor Mahalanobis utilizând matricea covarianţelor intra-clase.

Liu şi Wechsler au dezvoltat un clasificator Fisher optimizat (EFC)-Enhanced Fisher Classifier, care aplică aceste modele Fisher la caracteristicile de formă şi textură. Forma conţine trăsăturile geometrice ale feţei în timp ce textura conţine imagine fără forme geometrice. Dimensiunile imaginilor captate sunt „reduse" prin aplicarea PCA cu constrângerile EFM pentru o generalizare sporită. În continuare trăsăturile de formă şi textură sunt combinate printr-o procedură de normalizare pentru a forma trăsăturile/caracteristicile integrate/procesate cu ajutorul EFM pentru recunoaşterea facială.

Lades a folosit modele Gabor pentru recunoaşterea facială folosind arhitectura cu legături dinamice (DLA)-Dinamic Link Architecture. Aceasta presupune calcularea indicatorilor Gabor (Gabor jets), iar apoi realizează o comparaţie flexibilă ale şabloanelor rezultate folosind grafuri. Pe baza modelelor Gabor 2D [LBPA00] şi a regăsirilor pe baza grafurilor Lyons a propus un algoritm de categorisire în funcţie de sex, rasă şi expresie facială. Algoritmul are doi paşi: înregistrarea unui tabel de indicatori folosind fie regăsirea pe baza grafurilor [KISI90], fie notaţii manuale ale 34 de puncte ale fiecărei feţe [LBPA00] şi în final categorisirea folosind trăsăturile rezultate din indicatorii tabelari folosind LDA.

Donato [DBHES99] a comparat o metodă bazată pe reprezentarea Gabor cu alte tehnici şi a demonstrat că prima dă rezultate mai bune.

Liu şi Wechsler [LIWE03] au prezentat un clasificator (GFC)- Gabor - Fisher Classifier care este foarte robust la condiţiile de iluminat şi expresiile faciale prin aplicarea modelului Fisher Liniar Discriminant sau EFM la un vector derivat din transformările cu ajutorul modelelor Gabor asupra feţei. Pentru a cuprinde toate caracteristicile rezultate din diverse prelucrări Gabor se concentrează toate rezultatele pentru a obţine un vector Gabor mult îmbunătăţit în informaţii. Dimensiunile vectorului Gabor este redus ca urmare a constrângerilor selective ale aplicării metodei EFM pentru a deriva o reprezentare subdimensionată, dar cu puternice caracteristici discriminatorii.

Liu şi Wechsler au realizat o metodă pentru recunoaşterea facială numită (IGF)- Independent Gabor Features, care facilitează aplicarea metodei RPM pentru clasificare.

5.5. Metode „kernel" şi 3D pentru recunoaşterea facială

Metode cu sunt: PCA, FLD, SVM depăşesc limitările abordării liniare prin corespondenţa cu spaţiul

127

multidimensional. Justificările teoretice ale aplicării acestor algoritmi sunt bazate pe teoria lui Cover referitoare la separarea şabloanelor şi care în principiu spune că separarea şabloanelor non-liniare se face cu o probabilitate mare dacă spaţiul este transformat non-liniar într-un spaţiu multidimensional.

Din punct de vedere computaţional metodele „kernel" au avantajul aplicării condiţiei de echivalenţă Mercer şi sunt fezabile pentru că punctele din spaţiul multidimensional sunt înlocuite cu o funcţie „kernel" în spaţiul studiat în timp ce calculul este legat de numărul de exemple „învăţate" şi nu de caracteristicile spaţiale.

Scholkopf [SSM98] a arătat că PCA foloseşte o reprezentare non-liniară a datelor.

Mika [MRWSM99] a prezentat o metodă FDL a cărei clasificări liniare în spectrul caracteristicilor corespund unei clasificări non-liniare în cadrul spaţiului de intrare.

Phillips[16] [PHIL98] propus un algoritm SVM de recunoaştere şi verificare şi a demonstrat performanţa superioară asupra metodei PCA.

Yang [YANG02] a prezentat rezultatele recunoaşterii faciale ca rezultat al metodei FLD asupra a două seturi de date: AT&T care conţinea 400 de imagini şi aparţine la 40 de subiecţi şi setul de date Yale care conţinea 165 de imagini aparţinând a 11 indivizi. Experimentul a stabilit că rezultatele FLD au

---

[16] P.J.Phillips, P.Grother, R.J.Micheals, D.M.Blackburn, E.Tabassi and J.M.Bone, FRVT 2002:Evaluation report. Technical report, March, 2003.Available online at http://www.frvt.org.

obținut rezultate mai slabe decât ICA sau metodele Eigenface ori Fisher.

5.6. Urmărirea evoluției (evolutionary persuit)

Învățarea „spațiului" feței se face în mod continuu și diversificat. Algoritmii genetici (GA)- Genetic Algoritms iau în considerare doi factori: cel cognitiv clasificare/discriminare și cel de percepție. Problema fundamentală este găsirea unui mix între factorii cognitivi (de clasificare) și cei legați de percepție (preprocesare), astfel încât să se realizeze o reprezentare optimă sub numele de (EP) -Evolutionary Pursuit [LIWE00b]. EP în analogie cu metodele statistice, încearcă să învețe în spațiul optimal al feței, pentru scopul dual de compresie a datelor și clasificare a șabloanelor. EP crește gradul de generalizare în recunoașterea facială ca rezultat al minimizării riscului în decursul învățării - acuratețea performanței - și minimizarea riscului estimat-intervalul de încredere.

EP implementează algoritmi genetici pentru a căuta în spațiul soluțiilor. Procesul începe prin proiectarea imaginii inițiale într-un spațiu subdimensionat cu ajutorul PCA. GA sunt aplicați în termeni de performanță - risc empiric și separarea pe clase-interval de încredere.

Setul de date luate în considerare sunt 1.107 elemente în baza de date FERET –(The Facial Recognition Technology (FERET) Database), care conține 3 imagini frontale ale celor 369 de subiecți. Pentru primii 200 dintre aceștia, imaginea a 3-a este achiziționată la o luminozitate mică, iar pentru ceilalți 169 de subiecţi imaginile sunt achiziţionate în diferite şedinţe foto. Ultima fotografie pentru fiecare individ este numită „probă". Două imagini pentru fiecare individ sunt folosite pentru învăţare, iar ultima „proba" este folosită pentru testări. Cu alte cuvinte setul pentru testare conţine 738 de imagini, în timp ce testul are 369. Imaginile sunt tăiate la o dimensiune de 64x96 de pixel, iar coordonatele ochilor sunt localizate manual. Se face apoi „mascarea" – ascunderea spaţiului din afara zonei feţei. Metoda PCA foloseşte un spaţiu cu 30 de dimensiuni, în timp ce EP derivă 26 de vectori ca un spaţiu optimal pentru „învăţarea" spaţiului feţei. Pentru PCA vectorii au valori asociate cu valorile „eigen".

Metoda EP care foloseşte 26 de vectori realizează o performanţă de recunoaştere de 92% la această dimensiune a bazei de date superioară metodelor Eigenface şi Fisherface. Pentru a stabili din punct de vedere statistic dacă performanţa este notabilă se foloseşte testul McNewmar pentru a determina dacă este sau nu o diferenţă semnificativă faţă de alte metode şi s-a stabilit că există o performanţă statistică semnificativă.

5.7. Aplicaţii ale recunoaşterii faciale

5.7.1. ActivefaceTM

Este o metodă biometrică automată de recunoaştere a feţei în câmpul vizual al camerei web. Producătorii spun despre acest sistem faptul că este extrem de uşor de utilizat, necesită doar un computer, o cameră web şi evident feţele utilizatorilor pentru învăţare şi apoi recunoaştere. Sistemul găseşte regăseşte feţele indivizilor în timp de mai puţin de 500ms, chiar şi în condiţiile în care se foloseşte o cameră web de calitate mai slabă. Sistemul realizează recunoaşterea feţelor celor din baza de date, iar utilizarea sistemului dovedeşte acest lucru.

Modulul ActivefaceTM poate fi integrat în orice aplicaţie din familia .NET, sursa sa fiind editabilă (în C#), iar evenimentele uşor de particularizat.

5.7.2. Recunoaşterea facială cu ajutorul telefoanelor celulare

În opinia cercetătorilor japonezi folosirea recunoaşterii faciale cu ajutorul computerului este destul de costisitoare, necesită procesor de mare viteză şi spaţiu de memorie suficient. Pe de altă parte folosirea aceleaşi tehnici pe telefoanele mobile necesită viteze mari de procesare, dar cu costuri reduse de memorie. Sistemul este deja implementat în Japonia, realizează recunoaşterea facială în mai puţin de 1 secundă utilizând un procesor ARM9, de acurateţe foarte bună şi nu se foloseşte de alte resurse cum ar fi servere la distanţă sau procesoare.

Demonstraţia funcţionării este foarte simplă, se foloseşte un telefon celular cu cameră digitală şi procesor ARM9. Înregistrarea unei capturi durează circa 1 secundă. Sistemul de recunoaştere cuprinde atât detecţia feţei cât şi detecţia trăsăturilor faciale, ca un stagiu în cursul acestui proces.

Utilizatorul se poate înregistra prin efectuarea unei fotografii proprii. Programul de recunoaştere facială detectează automat şi verifică dacă este utilizatorul vizat sau un impostor. Un aspect pozitiv este faptul că nu este necesară ajustarea poziţiei camerei în momentul în care se efectuează fotografia, iar atâta vreme cât întreaga faţă este în câmpul vizual al camerei recunoaşterea se va face fără probleme.

Capitolul 6 – Biometria şi cipurile RFID

6.1. De la codurile de bare[17] la RFID

6.1.1. Codurile de bare

În fiecare zi întâlnim coduri de bare peste tot în jurul nostru. Le putem vedea în magazine, pe corespondenţă, facturi, etc. De acum preţurile au fost înlocuite de codurile de bare. Codurile de bare pot fi folosite în orice societate şi în toate industriile producătoare sau de desfacere. Codurile de bare pot fi descrise ca un cod "Morse optic". O serie de bare negre pe un spaţiu alb dau naştere codului de bare. Există mai multe formate de coduri de bare. Codurile de bare sunt citite şi decodate cu ajutorul scanerelor care măsoară reflexia luminii şi interpretează codurile în numere şi litere şi le trimit spre gestionare unui calculator. Din cauză că există multe formate de coduri de bare s-a ajuns ca un scaner să recunoască mai multe formate liniare şi bidimensionale. Dacă simbologia este relativ unică, compoziţia unui cod de bare variază de la format de format. De exemplu, toate codurile de bare sunt reprezentate pe axele X si Y şi sunt ortogonale pe axa X. Lungimea cod-ului de bare pe axa X reprezintă lungimea codului de bare.

Toate codurile de bare au un caracter de start/stop ce permite citirea de la stânga la dreapta şi de la dreapta la stânga.

---

[17] http://ro.wikipedia.org/wiki/Cod_de_bare

Prin convenţie caracterul din stânga este considerat caracterul de start şi caracterul din dreapta caracterul de stop.

Codurile de bare reprezintă un set de simboluri folosite pentru a reprezenta informaţiile alfa-numerice. Pe scurt, în loc de numărul "1" sau litera "A", vom vedea o înşiruire de bare, subţiri sau groase, folosite pentru a reprezenta acel număr sau acea literă.

Natural, urmează întrebarea: "De ce să se înlocuiască informatiile alfa-numerice cu coduri de bare?". Răspunsul vine de la sine: maşinile în general nu citesc cu uşurinţă reprezentarea pe care noi o dăm cifrelor şi literelor, nici măcar prin recent dezvoltata OCR (Optical Character Recognition) (recunoaşterea optică a caracterelor). Analog, se poate da exemplul calculatoarelor, care convertesc informaţia în cod binar, succesiuni de 0 şi 1, pe baza cărora pot lua decizii mult mai rapid.

Un însemnat număr de standarde a fost dezvoltat peste ani în ceea ce se cheamă în limbaj obişnuit, simbologii. Putem folosi diferitele simbologii în acelaşi fel în care folosim diferitele feluri de fonturi pentru a sublinia un anumit element dintr-o construcţie.

Simbologiile sunt standardizate, astfel încât, odata tipărite să poată fi scanate şi decodate.

Codurile de bare început să fie folosite în comerţ numai după 1966. "National Association of Food Chains" ("Asociaţia naţională a lanţurilor alimentare") a comandat unui producător de echipamente electronice realizarea unui echipament ce să poată realiza citirea codurilor de bare pentru o evidenţă şi un inventar mult mai rapid al produselor. În 1967 a fost instalat primul cititor de coduri de bare la un magazin din Cincinnati. Codurile de bare erau reprezentate după modelul realizat de Woodland şi Silver. Aceste coduri de bare nu erau imprimate direct pe ambalaje ci pe etichete pe care angajaţii magazinului le lipeau pe produse. Astfel sistemul a fost recunoscut ca un model de automatizare şi indentificare a produselor şi a fost adoptat de toţi producătorii şi distribuitorii de produse.

În 1969 aceeaşi asociaţie a cerut companiei Logicon dezvoltarea unui sistem pentru industria codurilor de bare. Rezultatele au fost realizarea standardului UGPIC (Universal Grocery Products Identification Code) (Codul de identificare universal al produselor alimentare) în vara anului 1970. Trei ani mai târziu s-a adoptat simbologia UPC pentru indentificarea produselor în SUA. În iunie 1974 primul scaner UPC realizat de NCR Corporation (ce se numea pe atunci National Cash Register Co) a fost instalat la supermarket-ul Marsh din Troy, Ohio. Pe 26 iunie 1974 primul produs cu cod de bare a fost scanat şi înregistrat. Produsul era un pachet de 10 lame de gumă de mestecat Wrigley cu aromă de fructe. Produsul acesta nu a fost special realizat pentru a fi primul produs scanat, ci pur şi simplu a fost o întâmplare. Astăzi pachetul de gumă de mestecat este expus la "Smithsonian Institution's National Museum of American History".

Prima încercare de aplicare în industrie a indentificării automate a fost demarată la sfârşitul anilor '50 de către

135

Asociația Americană a Transportatorilor. În 1967 s-a adoptat un format de cod de bare. Etichetarea mașinilor și instalarea de cititoare a inceput pe 10 octombrie 1967. A durat 7 ani până ce 95% din mașini au fost etichetate. Din mai multe motive sistemul nu a putut funcționa și a fost în cele din urmă abandonat în 1970.

În 1981 Departamentul de Apărare al SUA a adoptat formatul de cod de bare Code39 în industria militara.

6.1.2. Cipurile RFID

Radio Frequency IDentification sau RFID[18] sunt metode automate de stocare și obținere a datelor de la distanță folosind tag-uri (etichete) și scanere (cititoare) RFID. Tehnologia necesită cooperarea dintre tag-ul și cititorul RFID. Un tag (etichetă) RFID este de dimensiuni foarte mici (sub 1mm x 1mm) și pot fi încorporate într-un produs, animal sau chiar în corpul uman cu scopul urmăririi și identificării folosind unde radio. Anumite etichete pot fi citite de la distanțe mari, chiar mai mult de 50 de metri și pot fi ascunse. Inițial tehnologia a fost concepută pentru a înlocui codurile de bare în domeniile producției și comercial. Apoi, s-a constatat că pot fi încorporate animalelor și chiar oamenilor, ceea ce ridică numeroase probleme de natură etică, morală, religioasă. Pericolul invadării vieții private a indivizilor este o preocupare majoră a societății. Cea mai mare problemă este faptul că

---

18 Presa ortodoxă nr. 2 anul 2009 „Actele de identitate cu cip – zorii unei noi dictaturi " pag 32-38.

informaţiile de pe cip pot fi citite şi fără acordul posesorului, iar cititoarele pot fi incorporate în cele mai banale obiecte: tocul uşii, aparate de aer condiţionat, podele, pe străzi, etc.

Majoritatea tagurilor (etichetelor) RFID au două componente:

- microcipul pentru stocarea, procesarea, modularea şi demodularea undelor radio;
- antena pentru recepţia şi transmiterea semnalului radio.

Microcipurile au apărut în anii 1970 în S.U.A. şi de atunci s-au perfecţionat şi au fost folosite în variate domenii: industrie, servicii, aplicate pe produsele din supermarket, pe mijloacele de transport, în şcoli, în închisori sau pe animale. Iniţial, cip-urile au fost folosite în sistemele de gestiune a mărfurilor, iar apoi s-a extins la animale în anii '90, iar în final s-ar putea extinde şi asupra persoanelor.

Cip-uri implantate asupra persoanelor se regăsesc deja în lume, mai ales asupra persoanelor bolnave, în pericol de a se rătăci, persoane susceptibile a fi răpite, în penitenciare sub forma brăţărilor, elevi care sunt supravegheaţi de către părinţi prin aplicarea cip-urilor pe ghiozdane sau pe ceasuri, etc.

Cipul RFID este alimentat cu energia undei pe care o transmite scanerul (cititorul) acestuia.

Cu toate că autorităţile americane şi europene susţin implementarea cip-urilor, pe lângă problemele de natură morală şi de sănătate care decurg sunt multe alte aspecte care nu sunt suficient cunoscute şi dezbătute de opinia publică, dar poate cea mai gravă dintre ele este lacuna legislativă care ridică probleme de drepturi asupra bazelor de date, proprietarilor acestora, ce fel de date sunt înscrise în cip-urile respective, cine are dreptul să facă aceste înscrieri, ce drepturi are cetățeanul și mai ales vulnerabilitatea sistemului la încercările de citire frauduloasă a datelor.

6.2. Metode de identificare a persoanelor

Identificarea persoanelor este realizată în zilele noastre utilizând acte de identitate (ID), cum sunt: pașapoarte, permise de conducere, cărți de sănătate și alte documente.

Toate acestea conțin date personale imprimate pe hârtie și eventual o fotografie. Metodele biometrice de identificare sunt metode automate de identificare bazate pe caracteristici fiziologice și comportamentale cum sunt: amprentele digitale, irisul, forma feței, a mâinii, vasele de sânge ale retinei, vocea, dinamica apăsării tastelor computerului sau mersul.

Nevoia de a îmbunătăți măsurile de securitate și de a obține rapid informații despre un anumit individ a determinat confluența dintre actele de identitate și identificarea biometrică prin intermediul cipurilor RFID.

6.2.1. Identificarea persoanelor prin actele de identitate (ID)

Un document de identificare (ID) este orice document care poate fi folosit pentru verificarea identității persoanelor. Dacă sunt emise in format standardizat de mărimea unui card sunt denumite cărți de identitate. În unele țări posesia unui card de identitate este obligatorie, în timp ce în altele este opțională[19].

6.2.2. Identificarea persoanelor prin documentele electronice (biometrice)

La data de 1 ianuarie 2009 s-a început introducerea pașapoartelor biometrice și în țara noastră, respectiv documente care pe lângă datele de identificare mai conțin și cip-ul RFID pe care sunt stocate imaginea facială și impresiunile digitale (amprentele digitale).

În art.2 lit.b) din HG 557 / 2006[20] se stipulează faptul că datele biometrice înscrise în pașaportul electronic sunt: " imaginea facială, impresiunea digitală, precum și orice alte date ale persoanei care pot fi introduse în mediul de stocare electronică", așadar lista exactă a acestor date nu este cunoscută cu exactitate.

Această procedură mai este reglementată prin următoarele acte normative: O.G.U. 94/2008[21], H.G.-1566/2008[22] și Regulamentul Consiliului Europei nr.

---

[19] http://en.wikipedia.org/wiki/Identity_document
[20] HOTĂRÂRE   Nr. 557 din 26 aprilie 2006 privind stabilirea datei de la care se pun în circulație pașapoartele electronice, precum și a formei și conținutului
[21] ORDONANȚĂ DE URGENȚĂ   Nr. 94 din 24 iunie 2008 pentru stabilirea unor măsuri privind punerea în circulație a pașapoartelor electronice, precum și producerea altor documente de călătorie
[22] HOTĂRÂRE   Nr. 1566 din 25 noiembrie 2008 pentru modificarea și completarea Hotărârii Guvernului nr. 557/2006 privind stabilirea datei de la care se pun în circulație pașapoartele electronice, precum și a formei și conținutului acestora

2252/2004[23]. Emiterea pașapoartelor electronice a fost inițiată în Județul Ilfov în acest an și se estimează că va fi extinsă la nivelul întregii țări până în luna iunie 2009.

În decembrie 2008 a început în România, conform cu Directiva Europeană nr. 126/2006[24], emiterea permiselor de conducere care conțin pe lângă datele personale imprimate și alte date cum ar fi: informații despre starea de sănătate (văz, auz, diverse boli), dar și altele legate de restricții și penalități.

Începând cu luna ianuarie 2011 noua carte de identitate electronică va fi introdusă în Județul Caraș-Severin (centru-pilot) în conformitate cu O.G.U. nr. 184/2008[25], în care se stabilesc condițiile în care se emit cărțile de identitate electronice, astfel:

Art.1 alineatul (1) "Începând cu data de 1 ianuarie 2011 se introduce cartea electronică de identitate."

Art. 3 "Începând cu data de 1 iulie 2010 se realizează platforma-pilot pentru constituirea sistemului informatic de emitere a cărții electronice de identitate."

Art. 4 alineatul (2), literele a) - c): "a) în municipiile reședință de județ, până la data de 31 decembrie 2012; b) în

---

[23] REGULAMENTUL (CE) NR. 2252/2004 din 13 decembrie 2004 privind standardele pentru elementele de securitate și elementele biometrice integrate în pașapoarte și în documente de călătorie emise de statele membre

[24] DIRECTIVE 2006/126/EC OF THE EUROPEAN PARLIAMENT AND OF THE COUNCIL of 20 December 2006 on driving licences (Recast)

[25] O.G.U. nr. 184/2008 - ORDONANȚĂ DE URGENȚĂ Nr. 184 din 25 noiembrie 2008 pentru modificarea Ordonanței Guvernului nr. 69/2002 privind regimul juridic al cărții electronice de identitate

celelalte municipii şi oraşe, până la data de 31 decembrie 2013; c) în comune, până la data de 31 decembrie 2014."

Informaţiile electronice ale noii cărţi de identitate vor fi stocate pe bandă magnetică şi pe microcip. Componenta electronică încorporată în document ar putea fi detectată de la distanţă facilitând citirea datelor. Procesul scrierii de noi date ar putea fi controlat de către două autorităţi: Ministerul de Interne şi Ministerul Comunicaţiilor.

Nu este clar în acest moment cine decide înscrierea de noi date în memoria microcipului şi modul în care deţinătorul acestui document este înştiinţat şi nici modul în care posesorul său poate controla conţinutul înscris.

În aceste condiţii frica de aşa-zisul "Big brother" este în continuă creştere, în sensul că acest sistem poate degenera în cel mai elaborat sistem de urmărire şi control al persoanelor.

Scanerele de mare putere răspândite în diverse instituţii, magazine sau chiar pe străzi ar putea facilita urmărirea persoanelor şi stocarea datelor rezultate în baze de date.

O astfel de bază de date unică doreşte să fie deţinută de Statele Unite, Marea Britanie şi alte ţări afiliate pe criteriul luptei anti-teroriste sub numele "International Informational Consortium", vor fi stocate volume mari de informaţii personale cum sunt: locuri pe care le frecventează persoanele şi chiar cu cine se întâlnesc, produsele pe care le consumă, informaţii despre itinerariile călătoriilor, opţiuni politice, culturale sau religioase.

Probabilitatea stocării unor date personale eronate este destul de mare, iar apariţia unor astfel de evenimente poate cauza probleme legate de asigurări medicale, acces la contul bancar sau salariu cât şi multe altele pentru persoanele care le deţin. O anumită persoană poate să se identifice cu un document electronic, în lipsa unor alte metode de identificare, chiar dacă nu este posesorul acestuia sau cu ajutorul unui document falsificat putând învinui acea persoană fără a putea dovedi contrariul.

Implementarea actelor biometrice este deja un fapt în România prin eliberarea permiselor auto şi a paşapoartelor biometrice, iar din 2011, conform O.G.U. 184/2008[26] a cărţilor de identitate cu cip. Odată adoptate va fii foarte simplă înregistrarea şi a altor date pe aceste cip-uri, iar faptul că şi cititoarele (scanerele) vor fi tot mai performante, ar putea pune în pericol viaţa privată a cetăţenilor. Cel mai îngrijorător scenariu ar fi ca în timp toate aceste documente electronice să se concentreze într-unul singur, iar pentru a evita pierderea sa ar putea exista riscul implantării sale în corpul uman. În momentul în care şi acest lucru ar fi obligatoriu, atunci cei care nu-l doresc ar putea fi privaţi de servicii de care beneficiază în cadrul societăţii în care trăim.

La nivel internaţional folosirea cip-urilor în actele de identitate s-a demarat în anul 2000, iar în Uniunea Europeană

---

[26] ORDONANŢĂ DE URGENŢĂ Nr. 184 din 25 noiembrie 2008 pentru modificarea Ordonanţei Guvernului nr. 69/2002 privind regimul juridic al cărţii electronice de identitate

în anul 2006. Există deja în lume încercări de implantare a acestor cip-uri şi în corpul uman mai ales pentru a evita răpirea persoanelor sau rătăcirea persoanelor bolnave.

În Regulamentul (CE) NR. 2252/2004[27] din 13 decembrie 2004 privind standardele pentru elementele de securitate şi elementele biometrice integrate în paşapoarte şi în documente de călătorie emise de statele membre se specifică "Este în prezent oportună transformarea conţinutului rezoluţiei într-o măsură comunitară, pentru a îmbunătăţi şi armoniza standardele de securitate pentru paşapoarte şi documente de călătorie, în vederea protejării acestora împotriva falsificării. În acelaşi timp, elementele de identificare biometrică ar trebui integrate în paşaport sau în documentul de călătorie pentru a stabili o corelaţie fiabilă între deţinătorul legal al documentului şi documentul respective".

În acelaşi Regulament CE NR. 2252/2004 din 13 decembrie 2004 se stipulează faptul că „În ce priveşte datele cu caracter personal ce urmează a fi prelucrate în contextul paşapoartelor şi a documentelor de călătorie, se aplică Directiva 95/46/CE a Parlamentului European şi a Consiliului din 24 octombrie 1995[28] privind protecţia persoanelor fizice în ceea ce priveşte prelucrarea datelor cu caracter personal şi libera

---

[27] REGULAMENTUL (CE) NR. 2252/2004 din 13 decembrie 2004 privind standardele pentru elementele de securitate şi elementele biometrice integrate în paşapoarte şi în documente de călătorie emise de statele membre
[28] DIRECTIVE 2006/126/EC OF THE EUROPEAN PARLIAMENT AND OF THE COUNCIL of 20 December 2006 on driving licences (Recast)

circulaţie a acestor date. Ar trebui să se asigure ca nici o altă informaţie, cu excepţia celor prevăzute în prezentul Regulament, în anexa sa sau a celor menţionate în documentul de călătorie relevant, să nu fie înregistrată în paşaport."

În art 3. din acelaşi document european se stipulează specificaţiile prevăzute la articolul 2 să fie secrete şi să nu fie publicate. Art 2 specifică " În conformitate cu procedura din articolul 5 alineatul (2), se stabilesc specificaţii tehnice suplimentare pentru paşapoarte şi documente de călătorie cu privire la:

- (a) elemente şi cerinţe de securitate suplimentare, inclusiv norme sporite împotriva falsificării şi contrafacerii;

- (b) specificaţii tehnice privind suportul de stocare a datelor biometrice şi securitatea acestora, inclusiv prevenirea accesului neautorizat;

- (c) cerinţe privind calitatea şi standardele comune pentru fotografia facială şi amprente."

Este un element liniştitor faptul că aceste caracteristici tehnice nu sunt publicate intrucât îngreunează eventualele tentative de fraudă dar în acelaşi timp nu este de natură să elimine 100% suspiciunile în legătură cu ce fel de informaţii vor fi stocate pe acel cip.

Este de bun augur faptul ca deţinătorul paşaportului poate să verifice conţinutul acestuia conform art 4. (1) care specifică faptul că „fără a aduce atingere regulilor de protecţie a datelor, persoanele cărora li se emite un paşaport sau document de călătorie au dreptul să verifice "datele cu caracter personal conţinute în paşaport sau în documentul de călătorie şi, dacă este cazul, să ceară rectificarea sau suprimarea lor." Nu se specifică însă cu exactitate care dintre date şi în ce fel se verifică sau se pot şterge. La lit. (2) se specifică faptul că "în paşaport sau în documentul de călătorie nu sunt incluse informaţii care pot fi citite automat decât dacă sunt prevăzute în prezentul regulament sau în anexa sa sau dacă aceste date sunt indicate în paşaport sau în documentul de călătorie de către statul membru emitent în conformitate cu legislaţia sa naţională" ceea ce limitează totuşi natura datelor stocate cel puţin până în acest moment, astfel: în lit. (3) "în sensul prezentului regulament, elementele biometrice din paşapoarte şi din documentele de călătorie sunt folosite numai pentru a verifica:

- (a) autenticitatea documentului;
- (b) identitatea titularului pe baza elementelor comparabile direct disponibile când paşaportul sau alte documente de călătorie trebuie, prin lege, prezentate".

Temerea că datele personale pot fi folosite de către diverse organizaţii este oarecum alimentată chiar de reglementările europene în vigoare :

În Decizia Nr. 2007/533/JAI din 12 iunie 2007[29] privind înfiinţarea, funcţionarea şi utilizarea Sistemului de informaţii Schengen de a doua generaţie (SIS II) se specifică faptul că: " SIS II ar trebui să permită prelucrarea datelor biometrice, pentru a facilita identificarea exactă a persoanelor în cauză. În acelaşi scop, SIS II ar trebui, de asemenea, să

---

[29] Decizia Nr. 2007/533/JAI din 12 iunie 2007, a Consiliului din 12 iunie 2007 privind înfiinţarea, funcţionarea şi utilizarea Sistemului de informaţii Schengen de a doua generaţie (SIS II)

permită prelucrarea datelor privind persoanele de a căror identitate s-a abuzat, pentru a evita inconvenientele provocate de identificarea greşită a acestora, care face obiectul unor măsuri de garantare adecvate, în special consimţământul persoanei în cauză şi o limitare strictă a scopurilor în care aceste date pot fi prelucrate în mod legal." În aceeaşi decizie se mai stipulează: "Art. 54 Datele prelucrate în cadrul SIS II în temeiul prezentei decizii nu trebuie transferate sau puse la dispoziţia ţărilor terţe sau a organizaţiilor internaţionale.

La Art. 55 din acelaşi act normativ se arată că este încurajat schimbul de date cu Interpol privind paşapoartele furate, însuşite ilegal, pierdute sau anulate "prin derogare de la articolul 54, se poate face schimb de informaţii cu membrii Interpol în ceea ce priveşte numărul paşaportului, ţara emitentă şi tipul de document al paşapoartelor furate, însuşite ilegal, pierdute sau anulate, introduse în SIS II, prin stabilirea unei conexiuni între SIS II şi baza de date Interpol care cuprinde documente de călătorie furate sau pierdute, sub rezerva concluziei la care se ajunge în cadrul unui acord între Interpol şi Uniunea Europeană. Acordul prevede ca transmiterea datelor introduse de un stat membru să se afle sub rezerva consimţământului statului respectiv."

Pe de altă parte România prevede chiar în Constituţia ţării[30] faptul că statul roman garantează şi apără confidenţialitatea datelor cetăţenilor săi. Reglementările Uniunii Europene şi multiplele legături cu alte state cum sunt spre

---

[30] Constituţia României

exemplu Statele Unite ale Americii recomandă adoptarea acestui tip de documente electronice.

6.3. Motivele introducerii cip-ului RFID în actele de identitate

Motivul declarat este acela al creşterii securităţii individului şi implicit al statului, dar realitatea a dovedit că se produce, în anumite situaţii, tocmai reversul medaliei şi anume sunt favorizate furtul identităţii, escrocheriile şi actele teroriste. Cu toate reglementările naţionale şi internaţionale încă nu este clară natura înregistrărilor pe aceste cip-uri RFID, existând posibilitatea ca pe lângă datele de identificare să fie stocate şi altele de genul: date medicale, opţiuni politice, religioase sau o intruziune şi mai mare în viaţa privată a indivizilor înregistrând persoanele cu care se întâlnesc.

Posibilităţile numeroase de procurare a aparaturii de scanare şi înscriere a datelor în cip-urile de memorie şi faptul că nu sunt necesare nişte cunoştinţe foarte avansate în domeniul informaticii dovedesc fragilitatea sistemului, fapt dovedit şi în Marea Britanie unde paşapoartele biometrice au fost fraudate la doar 48 de ore de la eliberarea lor.

Probabilistic vorbind, dacă până acum existau câteva cazuri la o mie de fraude asupra documentelor clasice, acum frauda poate fi aproape totală pentru oricine deţine aparatura şi cunoştinţele necesare. Studiile efectuate de Identity Theft Resource Center au arătat că în 2008 cazurile de pierdere a datelor şi de accesare neautorizată au crescut cu 47% faţă de

2007. Un astfel de studiu ne arată cât se poate de clar faptul că controlul personal al datelor înregistrate pe cip este nul sau poate deveni în anumite condiții, protecția datelor nefiind asigurată, iar legea poate pedepsi o victimă a furtului identității și nu pe acela care este responsabil de asigurarea securității datelor.

6.4. Avantajele cip-urilor RFID[31]

„Din punct de vedere economic și social:

- eficientizează și ușurează procesul de producție;
- se reduce timpul de cumpărare al produselor, iar stocurile pot fi refăcute rapid;"

Din punct de vedere militar servesc foarte bine atingerii obiectivelor militare și de spionaj;

Din punct de vedere al identificării, evidenței și al ajutorului unei persoane în caz de urgență:

- introducerea cip-urilor în pașapoarte poate fi considerată o măsură de securitate în plus de către țările care le-au introdus, iar autentificarea la punctele de trecere a frontierei este mult mai rapidă;
- obținerea de informații cu mare rapiditate despre persoane care dețin acte de identitate cu RFID prin conectarea la baze de date naționale și internaționale.

---

[31] www.razbointrucuvant.ro

6.5. Dezavantajele cip-ului RFID[32]

• ușurința cu care aceste cip-uri pot fi accesate cu tehnică elementară și cu cunoștințe medii de calculator, în timp ce criptarea datelor nu pare să îngreuneze prea mult eforturile falsificatorilor;

• pericolul pierderii intimității vieții private prin faptul că o mulțime de date legate de identitate, sănătate, călătorii, preferințe și celelalte aspecte ale vieții cotidiene sunt stocate și pot fi folosite în diverse scopuri;

• cip-urile au dimensiuni extrem de mici, de aproximativ 0,04X0,04 mm și nu pot fi detectate cu ajutorul simțurilor umane;

• cip-urile sunt sensibile la anumite tipuri de radiații ori în contact cu surse încărcate de electricitate;

• persoana nu are controlul asupra modului sau momentului în care se colectează date despre ea;

• nu trebuie în niciun fel să se impună obligativitatea utilizării acestor cip-uri ori să se condiționeze accesul la facilitățile vieții cotidiene;

• din punctul de vedere al securității datelor este posibil ca o persoană care deține baza de date cu amprente să folosească numai fișierul respectiv nefiind necesar ca persoana identificată să fie prezentă și fizic;

• tehnic, cip-ul poate servi și contrar scopului pentru care a fost creat, adică favorizează acte de terorism, crima organizată, dacă baza de date intră pe mâna unor răufăcători;

- autentificarea biometrică ar putea fi folosită chiar și în cazul persoanelor decedate, cu toate că sistemele moderne de autentificare a amprentei și a irisului conțin teste pentru o asemenea verificare.

6.6. Aspecte morale referitoare la utilizarea cipurilor RFID

Implementarea actelor biometrice este un fapt în România, prin introducerea elementelor electronice în cadrul permiselor de conducere auto, a pașapoartelor și începând cu O.G.U. 184/2008 în cadrul cărților de identitate. Din momentul în care vor fi adoptate va fi foarte simplă stocarea și a altor tipuri de date, iar odată cu îmbunătățirea performanțelor scanerelor (cititoarelor) viața privată a persoanelor ar putea fi în pericol. În timp, toate documentele de identificare ar putea fi unificate într-unul singur mai cuprinzător și va apare inevitabil propunerea/ posibilitatea de implantare a acestora în corpul uman ceea ce ar însemna compromiterea intimității vieții private pentru totdeauna. Dacă o asemenea măsură ar fi obligatorie aceia care resping implantarea RFID ar putea fi privați de serviciile și facilitățile vieții cotidiene.

O.G.U. 207/2008[33] Art.18 (3) precizează că "Pașaportul simplu temporar nu poate fi valabil mai mult decât 6 luni". Amendamentul propus și aplicat a venit din partea

---

[33] ORDONANȚĂ DE URGENȚĂ Nr. 207 din 4 decembrie 2008 pentru modificarea și completarea Legii nr. 248/2005 privind regimul liberei circulații a cetățenilor români în străinătate

Patriarhului Ortodox[34] se referă la emiterea de pașapoarte simple în cazul în care posesorul sau copilul său declară în scris că nu dorește să primească pașaport electronic din motive religioase sau de conștiință. Biserica Ortodoxă Română (BOR) a solicitat Președintelui Camerei Deputaților prelungirea duratei de valabilitate a documentelor simple la un an calendaristic. În fapt, Biserica Ortodoxă Română nu consideră includerea cipurilor RFID in actele de identificare ca o amenințare directă, dar mergând mai departe până chiar la implantarea acestora în corpul uman ar fi cea mai mare amenințare la adresa drepturilor individului.

Katherine Albrecht[35] spune despre cipurile RFID faptul că: "tagurile/etichetele sunt concepute pentru a fi puternice mecanisme de urmărire și de obicei încorporează puține elemente de securitate, iar persoanele care le poartă sunt predispuse la a fi supravegheate [...] iar legiuitorii din lumea întreagă au făcut puține lucruri pentru a face cunoscute cetățenilor riscurile la care se expun".

Universal Product Code (UPC) –Codul Universal al Produsului este foarte similar codului de bare, dar mult mai sofisticate devreme ce acestea sunt capabile să emită conținutul (numărul stocat) pe cipul RFID. Exemplul dat de aceeași

---

[34] Patriarhul Daniel face apel la Roberta Anastase pentru promulgarea amendamentelor BOR in cazul pasapoartelor biometrice - http://www.ziua.net/news.php?data=2009-04-03&id=24811

[35] Katherine Albrecht -September 2008 Scientific American Magazine-How RFID Tags Could Be Used to Track Unsuspecting People, http://www.libertycoalition.net/how-rfid-tags-could-be-used-track-unsuspecting-peo

autoare este despre un colet de produse care are un singur cip RFID. "În loc să scaneze fiecare produs individual, un lucrător de la depozit va înregistra conţinutul întregului colet, şerveţele de hârtie, spre exemplu, prin scanarea numărului serial unic care este memorat în tagul RFID. Acel număr este asociat în baza de date centrală cu o listă de conţinut. Dar oamenii nu sunt produse de hârtie", concluzionează autoarea.

În Aprilie 2007 CASPIAN - (Consumers Against Supermarket Privacy Invasion and Numbering) a avertizat publicul larg despre noile metode de supraveghere a populaţiei. De această dată nu a fost vorba despre camere de supraveghere sau telefoane mobile ci despre un sistem de urmărire prin intermediul hainelor, a încălţămintei fără a şti despre existenţa acestuia.

Katherine Albrecht, a fondat şi a prezidat CASPIAN şi a anticipat aceste evenimente încă din 2005 când a colaborat cu Liz McInty, la lucrarea "Spychips"(Cipurile spion): "Cum plănuiesc marile companii şi guverne să urmărească fiecare mişcare cu RFID". În capitolul 4 numit „The spy from the shoe" (Spionul din pantof) autorul spune "cel mai mare coşmar al omenirii, în calitate de consumator, se va întâmpla în curând cu ocazia combinării sistemelor antifraudă (EAS) –Electronic Article Surveillance cu dispozitivele de identificare prin radio frecvenţă RFID". Autorul vrea să scoată în evidenţă faptul că implementarea se face cu prea mare grabă pe fondul lacunelor legislative. Checkpoint Systems a lansat aceleaşi taguri (etichete) spion sub numele de Evolve şi a convins supermarketurile să le adopte. Avantajele noilor etichete sunt importante din punctul de vedere al vânzătorului: descurajează tentativele de furt și dau posibilitatea realizării unui inventar foarte rapid. Tagurile/etichetele Evolve au incorporate două tipuri de sisteme antifurt EAS cu frecvența radio de 8,2 MHz care se dezactivează când produsul este plătit și RFID EPC GEN 2 cu o frecvență radio de 850-950 MHz folosite pentru identificarea și urmărirea fiecărui produs.

În momentul în care consumatorul plătește cu cartea de credit (cardul), în baza de date se asociază numărului RFID identitatea acestuia. De exemplu, eticheta unei bluze poate fi scoasă cu ușurință, însă înlăturarea acestui cip din componența unui pantof este aproape imposibilă. Acest tip de etichete face foarte ușoară urmărirea și determinarea identității posesorului acelui bun.

Katherine Albrecht concluzionează: "Acesta este finalul intimității consumatorului fără ca măcar acesta să bănuiască. Acest fapt este posibil pentru că promotorii industriei de supraveghere au reușit să evite adoptarea reglementărilor adoptării cipurilor RFID. Nu există nicio reglementare aplicabilă la nivelul vânzătorilor en-detailed sau la nivelul producătorilor care să anunțe prezența cipurilor RFID în haine, încălțăminte, cărți și alte produse"

Pr. Mihai Valica[36] spune despre implementarea cipurilor RFID în cadrul documentelor de identificare în România că nu trebuie văzută ca pe un act fanatic religios ci ca pe o

---

[36] www.razbointrucuvant.ro

înregimentare forţată într-un sistem suspect de supraveghere. Adoptarea cipurilor RFID în documentele de identitate este un fapt neconstituţional şi antidemocratic devreme ce se produce fără dezbatere publică naţională şi de aceea încalcă drepturile omului.

6.7. Studiu de caz – Planificarea adoptării metodelor biometrice de identificare la nivelul întregii ţări şi în diverse domenii de activitate

6.7.1. Planificarea strategică

Stategia reprezintă [CORN94] cadrul care orientează alegerile ce determină natura şi direcţia organizaţiei (în cazul nostru organismele care implementează metodele biometrice la noi în ţară) şi reprezintă viziunea asupra imaginii viitoare a acestor organizaţii.

Misiunea este o parte importantă a procesului de planificare strategică; eficacitatea strategiei depinde de ataşamentul faţă de punctele forte. Misiunea trebuie să fie:

- realizabilă;
- instructivă;
- să reflecte valorile organizaţiei care se ocupă cu implementarea acestora.

Formularea *obiectivelor* şi analiza industriei şi a resurselor necesare este următorul pas pe care trebuie să îl parcurgă organizaţiile de profil.

Sunt luate apoi *deciziile strategice* în concordanţă cu oportunităţile existente.

Urmează implementarea strategiei și evaluarea performanțelor, prin procesul de control, iar apoi efectuarea ajustărilor necesare.

6.7.2. Rolul planificării strategice

"Strategia este menită să descrie imaginea pe care o organizație dorește să o aibă în viitor și este orientată către ceea ce vrea să facă organizația, iar nu către cum vrea să acționeze.[...] [HREB09]. Planificarea strategică stabilește direcția și obiectivele, în timp ce planificarea operațională se referă la luarea de decizii zilnice la nivele mai joase ale organizației."

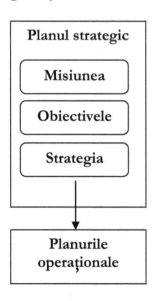

Figura 6.1. Relația dintre planificarea strategică și cea operațională (Sursa [CORN94])

6.7.3. Procesul de planificare strategică

"Planificarea strategică reprezintă un proces rațional care poate (și ar trebui) să fie utilizat și modificat de managerii din toate tipurile de organizații". Acest tip de planificare ar putea fi folosit cu succes și în procesul implementării tehnologiilor biometrice prin includerea lor în documentele de identitate, pașapoarte și premise auto din România.

Prima etapă - Fundamentarea

Viziunea reprezintă direcția pe care se vor orienta organizațiile implicate și în acest caz adoptarea metodelor biometrice de identificare în România.

Misiunea cuprinde obiectivele finale ale organizațiilor [PARA09], care trebuie să țină cont de valorile proprii (ale țării care le adoptă), dar și de nevoile cetățenilor (ca beneficiari ai acestora).

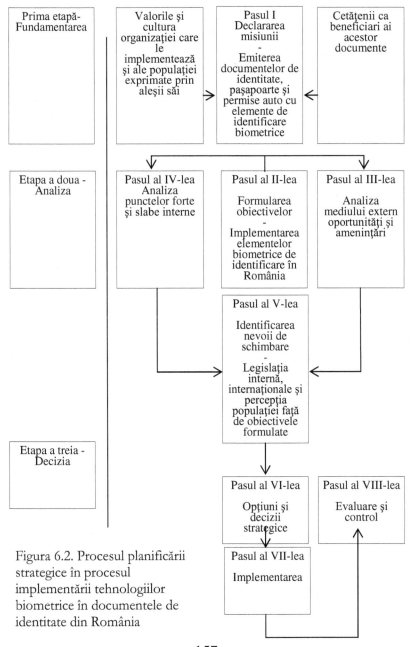

Prima etapă- Fundamentarea	Valorile şi cultura organizaţiei care le implementează şi ale populaţiei exprimate prin aleşii săi	Pasul I Declararea misiunii - Emiterea documentelor de identitate, paşapoarte şi permise auto cu elemente de identificare biometrice	Cetăţenii ca beneficiari ai acestor documente
Etapa a doua - Analiza	Pasul al IV-lea Analiza punctelor forte şi slabe interne	Pasul al II-lea Formularea obiectivelor - Implementarea elementelor biometrice de identificare în România	Pasul al III-lea Analiza mediului extern oportunităţi şi ameninţări

Pasul al V-lea

Identificarea
nevoii de
schimbare
-
Legislaţia
internă,
internaţionale şi
percepţia
populaţiei faţă
de obiectivele
formulate

Etapa a treia -
Decizia

Pasul al VI-lea Opţiuni şi decizii strategice	Pasul al VIII-lea Evaluare şi control

Pasul al VII-lea

Implementarea

Figura 6.2. Procesul planificării
strategice în procesul
implementării tehnologiilor
biometrice în documentele de
identitate din România

157

Prima etapă - Declararea misiunii

Pe termen lung, Statul Român la recomandarea organismelor Uniunii Europene, doreşte implementarea tehnologiilor biometrice în cadrul documentelor de identificare. Adoptarea elementelor de securitate de natură biometrică este o misiune pe termen lung, respectiv până în 2011 când se doreşte să fie includerea lor în cărţile de identitate.

Condiţiile pe care trebuie să le îndeplinească misiunea, pentru a fi eficientă sunt următoarele:

• să fie realizabilă cu ajutorul competenţelor organizaţiilor implicate şi să solicite efort, adică să fie o provocare. Dacă din punctul de vedere al provocării metodele sunt cu totul noi, atunci din punctul de vedere al realizării există unele probleme de diverse naturi: sociale, religioase şi chiar financiare. Din punct de vedere social putem spune faptul că populaţia nu a fost suficient informată în privinţa misiunii pe care Statul Român şi-a asumat-o, nu a existat un referendum care să valideze un astfel de deziderat, iar apoi concepţia Uniunii Europene este puţin diferită, în această privinţă, de a cetăţenilor români, cel puţin la primă vedere. Din punct de vedere religios, lucrurile se nuanţează şi mai mult, în sensul că deşi Biserica Ortodoxă nu vede în sine ca un lucru rău adoptarea metodelor biometrice, totuşi extinderea utilizării ei în scopuri mult mai variate pe viitor nu este de natură să ne liniştească. În mod special se referă la modul în care datele stocate la un moment dat pot fi folosite în alte scopuri decât cele declarate, la posibilitatea generalizării folosirii cipurilor RFID pe viitor, la obligarea într-un fel sau altul a cetăţeanului să se înregimenteze în acest sistem pentru a nu fi privat de serviciile şi facilităţile vieţii sociale şi economice de care beneficiază în prezent. Ca factor economic [CAPU09], este un efort atât pentru Statul Român ca furnizor de servicii de emitere de documente de identitate, cât şi pentru cetăţean pentru costurile suplimentare pe care le implică acestea.

• să fie instructivă şi cu siguranţă că trebuie să îşi aducă aportul la implementarea acestor noi tehnologii toţi cei implicaţi în proces începând cu cei care promovează actele normative, cei care le emit, cei care elaborează documentele electronice şi cetăţeanul obişnuit care trebuie să înţeleagă exact raţiunea pentru care acestea sunt necesare.

• să fie precisă, adică trebuie să identifice în mod clar caracteristicile esenţilale ale organizaţiilor implicate.

• să reflecte valorile şi cultura, atât a organizaţiilor/ instituţiilor abilitate naţionale, dar şi a populaţiei ţării.

• să fie orientate către consumatorul final, cetăţeanul în slujba căruia să fie dedicate preocupărilor organismelor implicate.

A doua etapă – analiza şi stabilirea obiectivelor

Pentru atingerea obiectivelor sunt luate în calcul mai multe alternative. Este necesară, în această etapă, analizarea punctelor tari şi a punctelor slabe, respectiv ale resurselor interne, ale oportunităţilor şi ameninţărilor din mediul extern.

Obiectivele trebuie să servească consumatorului final şi să fie inovative. În legătură cu mediul competiţional economic se spune faptul că "Afacerile trebuie să îşi asume responsabilitatea pentru impactul pe care îl au, stabilind obiective care să ţină cont de dimensiunile sociale ale afacerii". Particularizând pentru cazul implementării tehnologiilor biometrice în cadrul documentelor de identitate din România, putem spune că impactul social este major, deci o analiză temeinică este de bun augur şi pentru întreaga societate, poate barometrul cel mai sigur este un referendum.

Analiza oportunităţilor şi ameninţărilor din mediul extern

Oportunităţile – "schimbarea creează o nevoie sau posibilitatea de acoperire a unei nevoi" [CORN94] . Din punctul de vedere al aplicării mijloacelor biometrice de identificare, oportunităţile sunt de natura securităţii personale, al securităţii statului pentru un control mai atent al frontierelor şi al luptei antiteroriste, iar implementarea lor la nivel internaţional sporeşte eficacitatea lor.

Ameninţările – schimbările pot aduce modificări ale preferinţelor sau încrederii în cazul nostru, pot apare cazuri în care datele care sunt stocate pe cipurile RFID (din cadrul documentelor de identitate) să fie folosite în alte scopuri, de către alte persoane decât cele titulare, să fie vulnerabile la atacuri informatice, să creeze panică prin temerea că s-ar instaura "statul poliţienesc", să apară în timp alte tehnologii mai eficiente sau pur şi simplu în urma unei dezbateri publice să se ajungă la concluzia că se preferă documentele clasice şi că implementarea metodelor biometrice de identificare în cadrul documentelor nu este oportună în acest moment.

Analiza resurselor interne, ale punctelor forte şi slabe

Punctele forte - sunt legate de competenţele în legătură cu tehnologia adoptată, serviciile pe care le pune la dispoziţia cetăţenilor şi resursele de care trebuie să dispună [CORN94]. Pentru cazul analizat plusul este în legătură cu eficienţa de care poate beneficia cetăţeanul prin includerea acestei tehnologii.

Punctele slabe - sunt legate de incapacitatea organizaţiilor de a furniza suficiente resurse pentru a fructifica oportunităţile şi a se feri de ameninţări.

Pentru implementarea cipurilor RFID temerile sunt legate pe de o parte de garantarea vieţii private a cetăţeanului, garantarea protecţiei datelor personale conform Constituţiei României şi pericolului accesării neautorizate a datelor.

6.7.4. Analiza S.W.O.T. – Strenghts, Weeknesses, Opportunities and Treats (Punctelor forte, Puncte Slabe, Oportunităţi şi Riscuri/Ameninţări) la nivelul întregii societăţi

Puncte tari	Puncte slabe
Eficientizează procesul de trecere al frontierei sau al oricărui punct de identificare şi control	Dimensiunile cipurilor sunt foarte mici şi nu pot fi detectate cu ajutorul simţurilor umane
Obţinerea de informaţii, cu mare rapiditate, despre o persoană care deţine acte cu cip RFID prin conectarea şi interogarea bazelor de date naţionale şi internaţionale	Persoana posesoare nu poate controla momentul în care se colectează date despre ea

	Nu se specifică faptul că neadoptarea acestor tehnologii nu vor fi de natură să îngrădească accesul persoanelor la serviciile sociale și economice din prezent
	Cetățeanul nu poate controla/verifica în mod direct datele care sunt înscrise
Oportunități	**Amenințări**
Servesc obiectivelor militare sau de spionaj	Ușurința cu care cipurile RFID pot fi accesate cu tehnologie și cunoștințe la îndemâna multor persoane
Oferă suport pentru lupta anti-teroristă	Pericolul invadării vieții private a indivizilor prin stocarea unui volum prea mare de date legate de: identitate, sănătate, preferințe, călătorii, etc.
Implementarea la nivel global sporește eficiența lor	Deținătorul bazei de date sau oricine are acces eventual neautorizat, poate utiliza date despre o persoană în scopul autentificării la diversele puncte de acces, fără ca titularul de drept să fie în fapt prezent
Legislația internă și internațională	Apariția unor tehnologii mai sigure/eficiente
	Nu este clar, în acest moment, cine este proprietarul bazei de date biometrice și de identificare și ce modalități de control asupra acestora poate avea cetățeanul

Tabel 6.1. Analiza S.W.O.T pentru adoptarea metodelor biometrice de identificare la nivelul întregii țări

6.7.5. Analiza S.W.O.T. – Strenghts, Weeknesses, Opportunities and Treats(Punctelor forte, Puncte Slabe, Oportunități și Riscuri/Amenințări) pentru cazul utilizării recunoașterii faciale la nivelul unei organizații sau în legătură cu persoanele instituționalizate

Puncte tari	Puncte slabe
Eficientizează procesul de autentificare la punctele de identificare și control pentru medii cu condiții ambientale stabilite și în concordanță cu politica/regimul organizației respective	Procesul de autentificare poate fi indus în eroare din cauza schimbărilor fizionomiei persoanelor de-a lungul timpului
Obținerea de informații, cu mare rapiditate, despre o persoană care se autentifică, prin conectarea și interogarea bazelor de date din organizația respectivă	Persoana posesoare nu poate controla momentul în care se colectează date despre ea
Persoanele care se autentifică sunt fie de acord cu politica organizației, dacă este vorba despre angajați/colaboratori, fie problema cea mai spinoasă aceea a invadării vieții private nu își are sensul dacă este vorba despre persoane instituționalizate	
Din punctul de vedere al resurselor hardware sunt necesare: un calculator, o cameră web sau video iluminată corespunzător	

Din punct de vedere software se pot folosi soluţii dezvoltate open source de genul: MySql, PHP cu extensia grafică GD şi un server web Apache sau chiar IIS al Microsoft	
Oportunităţi	**Ameninţări**
Servesc obiectivelor organizaţiilor care le implementează printr-un mod mult mai eficient de control al accesului persoanelor neautorizate	Apariţia unor tehnologii mai sigure/eficiente
Oferă suport pentru lupta anti-teroristă, anti-fraudă sau a răpirilor	Riscul inerent de falsă acceptare sau falsă respingere
Legislaţia internă şi internaţională nu interzice folosirea acestei metode de autentificare	

Tabel 6.2. Analiza S.W.O.T -adoptarea metodelor biometrice de identificare la nivelul întregii ţări

În această analiză comparativă se apelează la patru concepte:

Acordul – când forţele interne sunt potrivite cu ocaziile identificate în analiza mediului extern. În acest caz, strategia este îndreptată spre valorificarea ocaziilor existente.

Constrângerile – ocaziile existente în mediu nu se potrivesc cu punctele forte ale organizaţiei.

Vulnerabilitățile – atunci când condițiile mediului exterior reprezintă o amenințare la adresa punctelor forte. Deși punctele forte ale tehnologiilor analizate sunt susținute și prezentate într-un mod cât se poate de fundamentat, totuși amenințările din exterior trebuie să fie luate în calcul.

Problemele – punctele slabe coincid cu amenințările din exterior, iar acestea pot afecta strategiile existente, cel puțin până când se clarifică suspiciunea că datele stocate nu sunt în siguranță pe cipul RFID și nici în baza de date.

Pentru cazul implementării tehnologiilor biometrice la nivel național, vulnerabilitatea este dată de faptul că deși se evocă multitudinea de elemente de siguranță, la capitolul puncte forte, totuși la capitolul amenințări apare tocmai suspiciunea că datele sunt ușor de accesat cu ajutorul tehnologiilor și cunoștințelor potrivite. Conceptul "probleme" ne duce la concluzia că punctul slab referitor la faptul că o persoană nu poate controla momentul în care se colectează date despre ea coincide cu punctul referitor la pericolul invadării vieții private prin stocarea unui volum prea mare de date personale și că proprietarul de drept al bazei de date nu este/ nu va fi unic la un moment date (privind prin prisma schimburilor de informații viitoare în interesul Interpol și altor organisme) și nu se angajează în scopul confidențialității totale a datelor.

Pentru cazul al doilea al implementării tehnologiei recunoașterii faciale, lucrurile sunt mult simplificate din următoarele motive:

- metoda este mai uşor de acceptat din cauza faptului că în orice organizaţie există o evidenţă a personalului care are acces, conţinând datele personale şi fotografiile celor autorizaţi, iar din aceste motive reticenţa de a folosi tehnologia amintită nu este atât de mare;

- modalitatea prin care recunoaştem persoanele în viaţa de zi cu zi este aceea a recunoaşterii faciale, iar automatizarea acesteia, cu scopul autentificării, nu reprezintă o intruziune în viaţa privată a indivizilor;

- pentru cazul particular al persoanelor instituţionalizate ar reprezenta o metodă de siguranţă în plus pentru controlul accesului;

- legislaţia nu este împotriva acestei metode, singura problemă care se ridică este aceea a eficienţei ei;

- aplicarea acestei metode în condiţii şi în situaţii bine stabilite şi adecvate este mult mai recomandată decât aplicarea mai multor metode biometrice la nivel naţional.

Etapa a treia – decizia (luarea deciziilor strategice)

Dacă este necesară o schimare a strategiei pentru rezolvarea discrepanţelor dintre efectele scontate/planificate şi cele realizate se poate spune că este foarte importantă: identificarea, evaluarea şi selectarea de alternative şi abordări strategice (opţiuni strategice), iar alternativa aleasă trebuie implementată. Rezultatele strategiei alese trebuie evaluate şi trebuie făcute evantualele modificări, iar procesul trebuie apoi controlat.

În procesul de *implementare al strategiei* managerii proiectelor [SLAT09] trebuie să considere patru factori:

Oamenii – specialiştii IT şi tehnologii biometrice de identificare, absolut necesari pentru reuşita proiectului;

Cultura – trebuie să vină în sprijinul procesului în ansamblu. Este evident faptul că fondul cultural al poporului român intră în contradicţie cu orientările Uniunii Europene, cel puţin în acestă etapă în care se doreşte o implementare generalizată a documentelor electronice;

Structura organizaţiei – trebuie să fie compatibilă cu procesul de planificare, cu stilul managerial şi cu strategia urmărită;

Sistemele de control – prin monitorizarea performanţelor şi a intervenţiei pentru corectarea eventualelor abateri, vulnerabilităţi şi probleme. Cel puţin din acest punct de vedere ar fi utilă o mai mare prudenţă în aplicarea la nivel naţional a tehnologiilor biometice, iar o perioadă de testare şi ajustare a eventualelor probleme care pot apare pare o opţiune mult mai fiabilă.

În *procesul de control* trebuie stabilite standarde, trebuie măsurate performanţele pe baza standardelor şi corectate deviaţiile de la standardele şi planurile stabilite.

În *procesul evaluării* unei strategii trebuie luate în calcul o serie de criterii:

Consecvenţa internă – strategia trebuie să fie consecventă cu misiunea, obiectivele şi resursele, trebuie să se verifice măsurile securitate care se invocă;

Consecvenţa externă – strategia trebuie să fie consecventă cu mediul extern, trebuie să fie stabilite relaţii de colaborare şi schimb reciproc de informaţii, cu respectarea unor clauze bine stabilite;

Avantajul competiţional – avantajele faţă de tehnologiile existente aflate în uz, trebuie să se verifice că acestea sunt într-adevăr superioare tuturor celorlalte opţiuni existente în acest moment;

Riscuri acceptate – nu trebuie să fie asumate riscuri mai mari decât cele pe care este dispus beneficiarul final al proiectului (în cazul nostru cetăţeanul).

Contribuţia socială – strategia trebuie să fie coerentă cu scopurile sociale declarate a fi servite prin saltul tehnologic în cauză.

6.7.6. Concluziile analizei S.W.O.T.

Dezbaterea publică este o condiţie absolut necesară pentru implementarea la nivelul ţării noastre a modificărilor la nivelul actelor de identitate prin introducerea cip-urilor RFID. Este necesară o dezbatere atât din punctul de vedere al eticii cetăţeneşti, a moralei cât şi din punctul de vedere utilizării tehnologiilor biometrice.

Din punct de vedere moral, în situaţia în care fiecare persoană ar deţine un act de identitate cu componentă biometrică şi ar exista posibilitatea colectării acestora în locuri şi în condiţii din cele mai diverse cu scopul identificării infractorilor intră în contradicţie cu "sistemul legislativ actual, bazat pe dovezi şi nu pe suspiciuni, bănuieli, căci nu mai există prezumţia de nevinovăţie. Dacă până acum cineva care ne acuză de vreo faptă trebuie să dovedească în faţa autorităţilor că suntem vinovaţi, de acum înainte cetăţeanul trebuie să-şi dovedească nevinovăţia[37]", este de părere Sinodul Mitropolitan al Clujului, Albei, Crişanei şi Maramureşului care se pronunţă categoric împotriva paşapoartelor biometrice. În acelaşi document se exprimă îngrijorarea pentru faptul că "argumentul că acest sistem de supraveghere contribuie la identificarea şi urmărirea delicvenţilor constituie o ofensă la adresa întregului popor, care nu poate fi tratat ca o bandă de infractori".

Paragraful referitor la "Aspecte juridice ale libertăţii personale" din actul mai sus amintit face trimiteri la acte interne şi internaţionale cu privire la drepturile omului, astfel:

"Orice persoană are dreptul la protecţia datelor cu caracter personal care o privesc. Aceste date trebuie tratate în mod loial, în scopuri precise şi *pe baza consimţământului persoanei interesate* sau în temeiul unui alt motiv legitim prevăzut de lege. Orice persoană are drept de acces la datele colectate care o privesc şi să obţină rectificarea acestora". (Carta drepturilor fundamentale a Uniunii Europene, art. 8);

"Libertatea individuală şi siguranţa persoanei sunt inviolabile". (Constituţia României, art. 23);

"Autorităţile publice respectă şi ocrotesc viaţa intimă, familială şi privată. Persoana fizică are dreptul să dispună de ea

---

[37] Extras din "Paşi grabiţi spre o dictatură globală – Suntem cu ochii pe voi" editată de Fundaţia "Sfinţii martiri Brâncoveni" - Suceava

însăşi, dacă nu încalcă drepturile şi libertăţile altora, ordinea publică sau bunele moravuri". (Constituţia României, art. 26);

"Dreptul persoanei de a avea acces la orice informaţie de interes public nu poate fi îngrădit. Autorităţile publice, potrivit competenţelor ce le revin, sunt obligate să asigure informarea corectă a cetăţenilor asupra treburilor publice şi asupra problemelor de interes personal". (Constituţia României, art. 31). Există suspiciunea că posesorul paşaportului sau al actului cu componentă biometrică nu are acces la informaţiile din propriul cip; în raport cu acestea el este o persoană neautorizată.

Aplicarea legislaţiei actuale în domeniul actelor de identitate, paşapoarte şi permise trebuie să se facă în aşa fel încât să nu producă discriminări din punct de vedere social, politic sau economic pentru cei care acceptă sau refuză implementarea lor.

În privinţa folosirii generalizate a tehnologiei RFID Katherine Albrecht a concluzionat foarte clar: "Este o tehnololologie incredibil de puternică şi poate duce foarte uşor spre abuzuri. Cititoarele RFID pot fi plasate pretutindeni, într-un mod invizibil pentru toată lumea. Etichetele RFID pot fi plasate în hainele şi lucrurile personale. Cel mai îngrijorător fapt este că acele companii care doresc să amplaseze scanerele(cititoarele) în mediul înconjurător şi etichetele în lucrurile personale ale cetăţenilor au enunţat câteva planuri destul de îngrijorătoare despre cum vor abuza de această tehnologie – de a o folosi în scopul spionării persoanelor".

Capitolul 7 Studiu de caz - Recunoaşterea trăsăturilor feţei cu ajutorul "Active contour", "PHP – image processing and GD graphic extension"

7.1. Tehnologia imaginii – suport pentru recunoaşterea facială

Este bine cunoscut faptul că o imagine „vorbeşte" mai mult decât o mie de cuvinte. Acest lucru trebuie luat în considerare, cei care crează ori folosesc elemente multimedia, pentru pregătirea creaţiilor lor. Calitatea imaginii utilizate este determinantă pentru succesul unei prezentări şi este crucială în anumite domenii cum ar fi cel de proiectare pe calculator.

Imaginea, din punctul de vedere al calculatorului, poate fi sub formă matriceală sau vectorială.

7.1.1. Imaginea matriceală (bitmap)

Bitmap-ul este, de regulă, descrisă ca o matrice informaţională formată din puncte individuale. Această matrice poate descrie, pe lângă imaginea propriu-zisă, text sau alte elemente .

În general, orice imagine captată de la un dispozitiv extern, gen scanner, care lucrează în mod linie (raster) se regăseşte ca imagine bitmap, adică puncte de pe ecran şi culorile asociate.

Deficienţele imaginii matriceale (bitmap)

Imaginea bitmap se consideră că este săracă în informaţii, în sensul că nu conţine informaţii despre semantica obiectelor pe care le conţine.

Un alt punct slab este acela că nu oferă posibilitatea de a folosi scara variabilă de vizualizare, adică nu permite mărirea sau micşorarea imaginii fără pierderea calităţii acesteia. Modificări se pot opera cu ajutorul editoarelor foto, cum este spre exemplu Adobe Photoshop. După operaţiunea automată este posibil ca să fie nevoie de un retuş electronic.

Dezavantajul acestui format este păstrează tuturor punctelelor, iar comprimarea imagini duce inevitabil la degradarea intr-o oarecare măsura a calităţii imaginii.

Formate de fişiere care folosesc imaginea sub forma unei matrici de puncte:

- Formatul PCX (PC PaintBrush File Format) este formatul specific Windows – Paint Brush. Imaginea este codificată pe 8 biţi adică 256 de culori, poate avea dimensiunea maximă de 64.000*64.0000 pixeli , iar algoritmul de compresie este RLE (Run Lenght Encoding);
- Formatul TIFF (Tag Image File Format) este un format care deţine multe atuuri: comprimarea se face cu algoritmi de comprimare (RLE, LZW-Lempel Ziv Welch sau JPEG) şi nu în ultimul rând faptul că este recunoscut de toate platformele ceea ce face aceste fişiere deosebit de cunoscute şi utilizate;

- Formatul BMP (Microsoft Windows Bitmap) este formatul Microsoft, poate fi comprimat cu RLE, este codificat pe 24 sau 32 de biți și este recunoscut în mediul OS/2;

- Formatul ICO (Icon Resource File) este specific Microsoft și în fapt este un bitmap de dimensiuni mult mai mici;

- Formatul JPG (Joint Photographic Experts Group) este un format bitmap comprimat după standardul JPEG. Acest algoritm de compresie realizează rate diferite de comprimare fără a pierde mult din calitatea imginii, dacă dimensionare cere acest lucru. Este atât un standard cât și un format de fișier;

- Formatul GIF (Graphics Interchange Format) a apărut ca urmare a nevoii tot mai mari de trasmitere a imaginilor prin internet. Rata mare de compresie, datorată algoritmului LZW;

- Formatul DIB (Device Independent Bitmap) este un format care se poate găsi de sine stătător sau într-un fișier RIFF, iar sub Windows mai este cunoscut și ca format RDI.

7.1.2. Imaginea vectorială

Din punct de vedere informațional acest format este mai bogat în comparație cu cel matriceal. Imaginea vectorială conține elemente de semantică ale obiectelor și este mai compactă. Reprezentarea imaginii vectoriale conține funcții matematice și puncte ce descriu geometria obiectelor conținute. Trecerea de la formatul matriceal la cel vectorial presupune aproximarea formelor și componentelor imaginii prin funcții matematice. Acest lucru se recomandă imaginilor ce conțin text, linii, grafice, care pot uşor recompuse din figuri geometrice.

Avantajele folosirii imaginii vectorizate sunt faptul că rata de compresie poate fi chiar de 1:200 şi faptul că este independentă de scara de vizualizare. Acest format este foarte utilizat cu succes în domeniul proiectării asistate de calculator.

Formatele fişierelor care folosesc imaginea vectorială:

• Formatul DXF (Auto CAD Drawing eXchange Format) este standardul firmei AutoDesk pentru produsul său AutoCAD. Imaginea nu poate fi comprimată, nu poate gestiona mai mult de 256 de culori, dar poate gestiona date tridimensionale;

• Formatul ESP (Encapsulated Postscript) este definit de către Adobe şi este formatul propriu Postscript, compresia se realizează conform JPEG;

• Formatul CGM (Computer Graphics Metafile) este un metafişier care poate conţine o imagine de orice dimensiune. A fost creat de către ANSI şi ISO pentru transferul între platforme diferite. Acest metafişier poate conţine atât imagini matriceale cât şi imagini vectoriale şi este ataşat normei GKS (Graphical Kernel System).

7.1.3. Compresia/decompresia imaginilor[38]

Reducerea volumului de date se realizează cu ajutorul tehnicilor de comprimare şi decomprimare.

---

[38] Micea, Mihai – Imaginea în sistemele multimedia, http://dsplabs.utt.ro

În cazul imaginii bitmap codajul se aplică datelor proprii, în timp ce vectorizarea se consideră, ea însăşi, o comprimare a imaginii.

Tipuri de algoritmi pentru comprimarea imaginilor

După volumul de informaţii recuperate la decomprimare:

- algoritmi fără pierdere la comprimare;
- algoritmi cu pierdere, informaţia nu este recuperată în întregime.

După timpul necesar decompresiei:

- compresie simetrică, timpii de comprimare şi decomprimare sunt egali;
- comprimarea asimetrică, în sensul că timpul necesar compresiei este mult superior celui de decompresie.

Printre cei mai cunoscuţi algoritmi de compresie este JPEG care funcţionează cu pierdere de informaţie, utilizează algoritmi hibrizi (transformata cosinus discretă şi codajul Huffman). Acest standard funcţionează prin stabilirea unei relaţii între pixelii unei imagini şi codificarea lor. Rata de compresie poate ajunge la 75:1 fără a se observa o degradare a imaginii.

Compresia imaginii după norma JPEG presupune existenţa a trei elemente:

- codorul –primeşte datele sursă şi generează datele imaginii comprimate;

- decodorul –reconstruieşte datele imaginii comprimate din imaginea comprimată;
- un format de transfer, care prezintă datele imagine comprimată şi specificaţiile înregistrate la codaj.

Algoritmul JPEG

Reducerea dimensiunii fişierelor, fără a afecta calitatea lor, se bazează pe faptul că ochiul uman nu percepe frecvenţele foarte înalte de culoare.

Imaginea este codificată în funcţie de luminanţă şi chrominanţă. Imaginea este descompusă apoi în blocuri de 8*8 pixeli, adică 64 de pixeli cărora li se aplică algoritmul transformatei cosinus discretă DCT.

Transformarea DCT se face după o funcţie F(u,v):

$$F(u,v)=1/4C(u)C(v)[\sum\sum f(x,y)cos((2x+1)u\pi/16)cos((2y+1)v\pi/16]$$

pentru $u=v=0$ $C(u)=C(v)=1/2$
altfel : $C(u)=C(v)=1$

Cei 64 de coeficienţi obţinuţi sunt cuantificaţi după o tabelă de cuantificare Q(u,v) stabilită de utilizator sau existentă în program. Valoarea cuantificată este întregul cel mai apropiat obţinut din raportul coeficient DTC şi corespondentul din tabela de cuantificare, $P^Q(u,v)$. Calitatea comprimării este direct dependentă de modul cum este compusă tabela de cuantificare.

Următorul pas1 este compactarea coeficienţilor printr-o procedură de codaj Huffman fără pierdere de informaţie şi care realizează rate de compresie de la 1:20 la 1:25 fără o deteriorare vizibilă a calităţii imaginii.

La decomprimare se realizează aceleaşi procedee, dar în sens invers. Secvenţa comprimată se transformă în coeficienţi cuantificaţi, apoi fiecare coeficient este decuantificat prin :

$$F^Q(u,v)=P^Q(u,v)Q(u,v)$$

înmulţirea raportului de cuantificare cu valoarea din tabela de cuantificare.

Următorul pas este trasformarea:

$$F(u,v)=1/4C(u)C(v)[\sum\sum F^Q(x,y)cos((2x+1)u\pi/16)cos((2y+1)v\pi/16]$$

pentru $u=v=0$ $C(u)=C(v)=1/2$
altfel : $C(u)=C(v)=1$

adică transformarea coeficienţilor decuantificaţi prin inversa DCT într-un bloc de 8*8 pixeli.

JPEG poate funcţiona în patru moduri:

• codaj bazat pe transformarea cosinus discret secvenţial, blocurile sunt codificate câte unul de la stânga la dreapta pe fiecare rând. Imaginea se construieşte definitiv şi pe porţiuni de sus în jos.

• codaj bazat pe transformarea cosinus discret progresiv, blocurile sunt tratate în acelaşi timp prin baleieri succesive ale întregii imagini. Construirea imaginii se face progresiv, adăugând elemente noi şi detalii de culoare până la obţinerea rezultatului dorit.

• codajul progresiv fără pierdere se realizează prin predicţia unei valori pornind de la alte trei eşantioane vecine. Diferenţa valorii estimate faţă de valoarea sa reală este codată cu algoritmul Huffman. Se foloseşte pentru imagini de calitate fotografică şi nu mai foloseşte transformarea DCT.

• codajul progresiv ierarhic nu foloseşte transformarea DCT, în schimb acţionează ca o urzeală cu o linie referinţă faţă de care se realizează predicţii asupra liniilor următoare. Diferenţa dintre această valoare şi cea reală este codată printr-un algoritm de tip diferenţial.

Alte tehnici şi metode de compresie a imaginilor

Codajul Huffman realizează în esenţă codificarea informaţiei redundante în funcţie de frecvenţa sa de apariţie. Informaţia redundantă se codifică pe un număr mai mic de biţi, iar corespondenţa dintre informaţiile codificate şi codul propriu-zis se ţine intr-un tabel de corespondenţă.

Compresia RLE (Run Length Encoding) funcţionează prin identificarea culorilor şi a numărului de pixeli din fiecare. Este util când există secvenţe reprezentative din aceeaşi culoare.

Codajul LZW (Lempel, Ziv, Welch) se regăseşte în cadrul utilitarelor ARC, PKZIP şi LHARC şi constă într-o corespondenţă între date şi adresele lor. Deosebirea dintre acesta şi codajul Huffman este acela că nu necesită o analiză prealabilă.

Metoda RGB (5-5-5) realizează o codificare pe 5 biţi a culorilor de bază RGB, în loc de 8. Rezultatul este o imagine cum mai puţine nuanţe.

Metoda CLUT (Color Look-Up Table) lucrează cu palete de culoare ce conţin un număr de n culori puteri ale lui 2. Spre exemplu, dacă n=8 atunci se reţin 256 de culori. Se construieşte un tabel de corespondenţă între fiecare culoare şi valoarea sa pe 24 de biţi.

Metoda codificării imagini prin fractali este mai eficientă decât JPEG, puternic asimetrică şi este independentă faţă de echipamentul de intrare.

Metoda de compresie DYUV (Delta YUV) constă în codificarea diferenţelor de luminanţă şi chrominanţă ale unui punct în raport cu următorul. Y este luminanţa, U ţi V codifică informaţia de culoare. Codificarea se face pe 8 biţi la o calitate apropiată de codificarea pe 24 de biţi, deci o reducere a dimensiunii fişierului imagine cu rata de 3:1.

OCR (Optical Character Recognition) nu este un algoritm de comprimare sau vectorizare, dar realizează transformarea imaginii bitmap in text ASCII. Algoritmul folosit este ICR-Inteligent Character Recognition şi se foloseşte de algoritmii inteligenţei artificiale care permit recunoaşterea caracterelor de diferite font-uri, a textului scris de mână sau autentificarea semnăturilor.

Tehnicile OCR de conversie în text ASCII:

• compararea matricilor realizează descompunerea fiecărui caracter într-o matrice de puncte şi este comparată cu un model preînregistrat. Metoda este rigidă pentru că nu recunoaşte caractere de alte dimensiuni ori forme decât cele preînregistrate;

• analiza formelor cu sau fără semnificaţie realizează descompunerea fiecărui caracter în forme geometrice care sunt comparate tot cu modele preînregistrate;

- reţele neuronale furnizează sistemului OCR capacităţi de înţelegere ridicate necesită timpi mai mari pentru recunoaştere pentru că este nevoie de indicarea de către utilizator a corespondenţei dintre forma imprimată şi caracterul ASCII.

7.2. Aplicarea metodei "Active contour" cu ajutorul "PHP – image processing and GD graphic extension"

7.2.1. Analiza comparativă a metodei "active contour" şi a metodei adaptate cu ajutorul extensiei grafice PHP

Recunoaşterea facială este una dintre metodele biometrice cele mai spectaculoase şi dificil de implementat, în principal din cauza factorilor externi: distanţa variabilă a subiectului faţă de obiectiv, iluminarea, schimbarea aspectul persoanelor datorită ochelarilor şi altor factori [SJK09].

Metoda "Active contour" [SYM05] poate fi folosită pentru determinarea trăsăturilor faciale în următoarele condiţii: imaginea este filtrată cu ajutorul PHP- image processing and GD graphic extension[39], energiile calculate cu ajutorul algoritmului active contour sunt adaptate astfel încât energia continuă este aproximată cu distanţa dintre două puncte consecutive, energia unghiulară este normalizată utilizând aceeaşi distanţă, iar vecinătatea fiecărui punct este calculată (punctual migrează) până când se atinge o margine, iar din acel moment punctual respectiv nu se mai "mişcă". O altă condiţie

---

[39] http://www.php.net/manual/en/ref.image.php

impusă de algoritmul propus este acela că punctele sunt forţate să se "deplaseze" evitând axele orizontală şi verticală, iar rezultatul este o "mişcare" mult mai rapidă. Detecţia trăsăturilor feţei poate continua, apoi în interiorul ariei delimitate, urmând a localiza celelalte trăsături. Direcţia de cercetare viitoare va cuprinde aproximarea trăsăturilor [HAAH09] cu forme geometrice/perimetre cu ajutorul funcţiilor liniare, iar porţiuni ale imaginii bitmap [HONG09] vor fi asociate cu vectori, astfel încât procesul de recunoaştere să fie unul mult mai precis.

Acest studiu de caz îşi propune să ilustreze modul în care se poate realiza detecţia trăsăturilor feţei utilizând metoda "Active contour", limbajul de programare PHP cu licenţă open source (prezintă avantajul unui cost foarte scăzut pentru dezvoltator, dar şi pentru compania care îl implementeaza) şi extensia grafică "Image processing and GD graphic extension". MySQL este sistemul de gestiune al bazei de date pe care l-am folosit pentru a calcula valorile algoritmului, de asemenea cu licenţă open source. Ca server web am folosit Apache, dar se poate folosi şi variante ale lui IIS al Microsoft.

Formularea discretă a metodei "Active contour"

Scopul urmărit este de a găsi punctele aparţinând conturului care aproximează cel mai bine perimetrul obiectului[40]. De obicei punctele sunt componente ale unei

---

[40] G. Sundaramoorthi, A. Yezzi and A.Mennucci, Sobolev Active Cotours, Springer Berlin/Heidelberg, 2005

elipse plasată în apropierea conturului imaginii de interes. Metoda este bazată pe determinarea unei energii funcţionale care măsoară apropierea de obiectul care urmează a fi detectat. Soluţia optimă corespunde cu minima energiei funcţionale [SYM05].

Punctele iniţiale ale elipsei sunt localizate pe imaginea I şi sunt: $p1, p2,..., pN$, iar energia funcţională care minimizată va corespunde cu conturul vizat va avea forma [SYM05]:

$$\sum_{i=1}^{N} (\alpha_i Econt + \beta_i Ecurv + \gamma_i Eimage) \quad (1)$$

Interpretarea termenilor:

$Econt$ - forţează conturul să fie continuu şi este aproximat cu o diferenţă finită:

$$Econt = (x_i - x_{i-1})^2 + (y_i - y_{i-1})^2 \quad (2)$$

$Ecurv$ - forţează conturul să fie cât mai neted, iar în cazul discret poate fi aproximat cu diferenţa finită:

$$Ecurv = (x_i - 2x_{i-1} + x_{i+1})^2 + (y_i - 2y_{i-1} + y_{i+1})^2 \quad (3)$$

$Eimage$ - atrage conturul către cea mai apropiată muchie din imagine şi poate fi aproximată cu diferenţa finită:

$$Eimage = -\|\nabla I\| \quad (4)$$

Unde ∇I este gradientul intensităţii şi este calculate la fiecare punct devenind tot mai mic pe măsură ce punctual se apropie de o muchie.

Normalizarea termenilor:

Econt şi *Ecurv* sunt normalizaţi cu cea mai mare distanţă din vecinătatea în care punctual se poate deplasa ,iar *Eimage* este normalizată ca $\|\nabla I\| - \min/(\max - \min)$ unde max şi min sunt maximul şi minimul gradientului valorilor din vecinătate.

Algoritmul este următorul[41]:

Pasul 1. Pentru fiecare punct $\overline{p1}, \overline{p2}, ..., \overline{pN}$ al imaginii I sunt calculate vecinătăţi de mărimea MxM pentru a găsi locaţia care minimizează energia funcţională şi apoi mută punctual $p1$ în acea locaţie.

Pasul 2. Estimează unghiul corespunzător fiecărui punct şi caută maxima locală, iar pentru acea valoare setează $\beta_i = 0$, ceea ce reprezintă că punctual atinge o maximă locală sau depăşeşte pragul stabilit.

Pasul 3. Actualizează valoarea lui d (media distanţelor dintre puncte) şi repetă aceşti paşi până când numai o mică parte dintre puncte se mai mişcă sau este suficient de aproape de soluţia dorită.

Procesarea imaginii cu ajutorul extensiei GD a limbajului script PHP

Fişierul imagine "image.jpg" foloseşte comanda[42] imageCreateFromJpeg pentru a obţine un identificator imagine pentru a aplica ulterior filtrele [HAAH09]

---

[41] G. Sundaramoorthi, A. Yezzi and A.Mennucci, Sobolev Active Cotours, Springer Berlin/Heidelberg, 2005
[42] http://www.php.net/manual/en/ref.image.php

```
$source_file = "image.jpg";
$im = ImageCreateFromJpeg($source_file);
Imagefilter ($im, IMG_FILTER_GRAYSCALE);
Imagefilter ($im,IMG_FILTER_GAUSSIAN_BLUR);
```

Figura 7.1. Codul programului corespunzător filtrării imaginii
folosind PHP GD extension

Figura 7. 2. Imaginea originală

Pentru a obține imaginea în tonuri de gri se poate folosi IMG_FILTER_GRAYSCALE sau se calculează valoarea fiecărui pixel, astfel:

```
$rgb = ImageColorAt($im, $i, $j);
      // extract each value for r, g, b
   $rr = ($rgb >> 16) & 0xFF;
   $gg = ($rgb >> 8) & 0xFF;
   $bb = $rgb & 0xFF;
      // get the Value from the RGB value
   $g = round(($rr + $gg + $bb) / 3);
      // grayscale values have r=g=b=g;
```

Figura 7.3. Cod de program pentru transformare imaginii color în
tonuri de gri utilizând extensia PHP GD

Figura 7.4. Rezultatul filtrării

Pentru a putea determina foarte exact conturul am realizat o convenţie în sensul că acei pixeli care depăşesc o anumită intensitate să fie transformaţi ia valoarea 255, adică negru , iar cei care sunt sub această intensitate să ia valoarea 0, adică alb.

```
        if ($g>110){
$g=255;
        }else{
$g=000;
        }
```

Figura 7.5. Codul programului pentru transformarea din greyscale în alb-negru utilizând PHP

Figura 7.6. Fotografia în alb-negru

Cel mai util dintre filtrele care se pot aplica în această etapă, pentru a reduce efectul de sare şi piper este are următoarea formă:

185

imagefilter($im,IMG_FILTER_GAUSSIAN_BLUR)
[HAAH09].

Punctele aparţinând elipsei sunt $xm, $ym şi sunt aproximate relative la lăţimea şi înălţimea imaginii ($imgw, $imgh), la centrul elipsei $a, $b şi la unghiul(elipsei) sub care este poziţionat fiecare punct ($fractia*$i), unde $fractia este $360^0/$i şi $i este numărul de puncte care alcătuiesc elipsa:

```
$xm=$imgw/2+$a*cos(deg2rad($fractia*$i));
$ym=$imgh/2+$b*sin(deg2rad($fractia*$i));
```

Figura 7.7. Cod de program pentru desenarea elipsei iniţiale utilizând PHP

Identificare pozitivă	Identificare negativă
Amprenta este cunoscută sistemului	Amprenta nu este cunoscută sistemului
Previne înregistrarea mai multor utilizatori cu o singură identitate	Previne folosirea multiplelor identităţi ale unui singur utilizator
Nu necesită neapărat stocarea centralizată a "amprentelor"	Necesită stocarea centralizată a amprentelor
Resping un utilizator dacă nu există potrivirea "amprentei" cu un şablon din baza de date	Sistemul respinge un utilizator dacă "amprenta" sa se potriveşte cu un şablon din baza de date
"Falsa potrivire" duce la "falsa acceptare"	"Falsa potrivire" duce la "falsa respingere"
"Falsa nepotrivire" sau "imposibilitatea regăsirii" duce la o "falsă respingere" a utilizatorului	"Falsa nepotrivire" duce la "falsa acceptare"
Există metode alternative de identificare	Nu există metode alternative de identificare
Poate fi utilizată voluntar	Trebuie să fie obligatorie pentru toţi
Sistemul poate fi "înşelat" prin furnizarea caracteristicilor biometrice ale altcuiva	Sistemul poate fi "înşelat" prin furnizarea caracteristicilor biometrice ale altcuiva sau prin omiterea totală a furnizării lor

Figura 7.8. Imaginea filtrată conţinând punctele iniţiale ale elipsei

Metoda "Active contour" adaptată pentru recunoaşterea facială

Pentru punctele din vecinătate sunt calculate energiile: Econt=$econtm, Ecurv=$ecvm, Eimage=$eimagem şi Etotal=$etotalm

```
$econtm=sqrt(pow($xc-$x_ant,2)+pow($yc-$y_ant,2));
$ecvm=pow($x_ant-2*$xc+$x_pos,2)+pow($y_ant-2*$yc+$y_pos,2);
$eimagem=-abs($gc-$g_ant);
$etotalm=$alfa*$econtm+$beta*$ecvm+$gama*$eimagem;
```

Figura 7.9. Codul programului pentru calcularea energiilor punctului curent

($xc,$yc) relativ la punctual anterior ($x_ant,$y_ant), la punctual următor ($x_pos,$y_pos), cât şi la intensităţile punctelor anterior şi următor ($gc, $g_ant)

Diferenţa dintre această implementare şi algoritmul de la punctual 2 este că Econt este calculată ca o distanţă dintre două puncte consecutive, iar Ecurv este normalizat chiar cu Econt.

Observaţiile induc ideea că există câteva puncte din conturul iniţial care sunt la distanţă mare de contur şi necesită mai multe iteraţii decât altele pentru atingerea conturului.

În algoritmul adaptat, mişcarea selectivă a punctelor este realizată în urma calculului vecinătăţilor, după cum urmează:

```php
if ($gc>10)
{
    $count=0;
    $index_pointc=$i;
    for ($vx=-4;$vx<0;$vx++)
    {
        for ($vy=-4;$vy<0;$vy++)
        {
            $count++;
            $x_vecin=$xc+$vx;
            $y_vecin=$yc+$vy;
            $rgb = ImageColorAt($im, $x_vecin, $y_vecin);
            $g_vecin = ($rgb >> 8) & 0xFF;
            mysql_query("INSERT INTO eye (picture_id,index_point,iteration,x,y,g,index_vecin)
            VALUES('1',$index_pointc,$iterationm,$x_vecin,$y_vecin,$g_vecin,$count") or
            die(mysql_error());
        }
    }
    for ($vx=1;$vx<5;$vx++)
    {
        for ($vy=1;$vy<5;$vy++)
        {
            $count++;
            $x_vecin=$xc+$vx;
            $y_vecin=$yc+$vy;
            $rgb = ImageColorAt($im, $x_vecin, $y_vecin);
```

```
        }
    }

$g_vecin = ($rgb >> 8) & 0xFF;
mysql_query("INSERT INTO eye (picture_id,index_point,iteration,x,y,g,index_vecin)
VALUES('1',$index_pointc,$iterationm,$x_vecin,$y_vecin,$g_vecin,$count) ") or
die(mysql_error());
```

Figura 7.10.Calcularea vecinătății punctului curent $i ($xi, $yi)

Unde:

$gc este nivelul intensității care marchează finalul căutării pentru un punct datorită atingerii unei muchii;

$vx, $vy sunt vecinătățile de căutare ale punctelor x și y din care excludem punctele aflate pe axele OX și OY pentru a obține o mișcare mai rapidă a punctelor;

$x_vecin, $y_vecin, $g_vecin sunt coordonatele x și y și intensitatea pixelilor din vecinătate;

$count este indexul vecinătății calculate.

Figura 7.11. Mișcarea celor 10 puncte de-a lungul a 12 iterații

Figura 7.12. Punct (3) care nu s-au deplasat deloc (se aflau deja pe suprafața neagră), punct (5) care s-a deplasat pe parcursul tuturor iterațiilor și în partea de sus punct (7) care s-a deplasat în 3 iterații (0 la 2)

picture_i	index_point	iteration	x	y		g	econt	ecv	eimage	etotal	index_vecin	intensity
1	1	0	0	79	29	1	31	1	-1	70	0	256
1	1	1	0	84	65	5	36	8	-4	337	0	256
1	1	2	0	73	94	0	31	43	-5	1.351	0	0
1	1	3	0	40	94	0	33	21	0	722	0	0
1	1	4	0	27	77	4	21	9	-4	211	0	256
1	1	5	0	25	54	250	22	0	-244	-218	0	256
1	1	6	0	29	33	3	21	9	-247	-30	0	256
1	1	7	0	47	12	1	28	8	-2	258	0	256
1	1	8	0	61	6	249	14	0	-252	-236	0	256
1	1	9	0	72	-1	0	13	106	-249	1.149	0	256

Figura 7.13. Iterația 0 (dacă $gc<10 înseamnă că intensitatea pixelului este suficient de mare, este localizat pe o muchie)

193

picture_k	index_point	iteration	x	y	g	econt	ecv	eimage	etotal	index_vecin	intensity
1	7	2	42	7	253	28	8	-2	258	12	Null
1	7	2	43	4	266	28	8	-2	258	13	Null
1	7	2	43	5	256	28	8	-2	258	14	Null
1	7	2	43	6	255	28	8	-2	258	15	Null
1	7	2	43	7	253	28	8	-2	258	16	Null
1	7	2	43	9	51	28	8	-2	258	17	Null
1	7	2	45	10	3	28	8	-2	258	18	Null
1	7	2	45	11	2	28	8	-2	258	19	Null
1	7	2	45	12	3	28	8	-2	258	20	Null
1	7	2	46	9	19	28	8	-2	258	21	Null
1	7	2	46	10	4	28	8	-2	258	22	Null
1	7	2	46	11	3	28	8	-2	258	23	Null
1	7	2	46	12	4	28	8	-2	258	24	Null
1	7	2	47	9	3	28	8	-2	258	25	Null
1	7	2	47	10	4	28	8	-2	258	26	Null
1	7	2	47	11	3	28	8	-2	258	27	Null
1	7	2	47	12	1	28	3	-2	253	28	Null
1	7	2	48	9	1	28	8	-2	268	29	Null
1	7	2	48	10	2	28	8	-2	268	30	Null
1	7	2	48	11	1	28	8	-2	268	31	Null
1	7	2	48	12	0	28	8	-2	268	32	Null
1	8	2	70	4	255	14	12	-251	-75	1	Null
1	8	2	70	5	266	13	10	-250	-107	2	Null

Figura 7.14. Punctul 7, iterația 2 (0 la 2), $gc<10, a atins o muchie, nu se mai deplasează

Figura 7.15. Ultima iterație, punctele au atins conturul

7.2.2. Concluziile utilizării "active contour" adaptate în recunoașterea facială

Metoda folosește imaginea bitmap (format .jpg) color, care este supusă apoi prelucrărilor ulterioare utilizând extensia grafică a PHP pentru: filtrare, redimensionare și prelucrare pixel cu pixel conform cu algoritmul prezentat.

Am realizat câteva adaptări ale acelui algoritm după cum urmează:

• elipsa alcătuită din punctele inițiale are centrul identic cu centul imaginii, iar razele sunt calculate relativ la lățimea și înălțimea imaginii;

• "mișcarea" punctelor aparținând elipsei se realizează succesiv într-o vecinătatea MxM pixeli, dar din care am exclus axele Ox și Oy, pentru a obține o deplasare mult mai rapidă;

• pentru o mai bună delimitare a conturului s-a realizat transformarea imaginii inițiale în alb și negru;

• un punct al elipsei devine static atunci când este suficient de aproape de conturul vizat, deci intensitatea pixelului respectiv este suficient de aproape de 0(negru);

- numărul de iterații trebuie să fie suficient de mare deoarece unele puncte sunt relativ departe de conturul căutat, iar altele sunt foarte aproape.

Odată determinat conturul feței, cunoscând proporțiile feței și faptul că aceasta este simetrică se pot determina coordonatele celorlalte trăsături. De la contur se trece apoi la transpunerea acestuia în funcții liniare și de fapt la imaginea vectorială, care este mult mai bogată în informații și facilitează comparațiile ulterioare.

7.3. Studiu de caz – „Proiectarea sistemului de autentificare folosind metoda recunoașterii faciale"

Prin prezentul studiu se urmărește descrierea modului în care poate fi realizat un produs program pentru autentificare folosind metoda recunoașterii faciale. Utilizarea înlănțuirii modelelor UML prin definirea cerințelor, analiză și proiectare este o bună cale de realizare până în cele mai mici detalii ale acestui software, proces care permite atât reflectarea noilor tehnologii biometrice, dar și a caracteristicile arhitecturale ale acestui subsistemului informatic [SMADB98], [SLVM04].

7.3.1. Modelul cazurilor de utilizare-definirea cerințelor

Cerințele funcționale pe care trebuie să le îndeplinească produsul sunt: sporirea măsurilor de siguranță prin utilizarea metodei recunoașterii faciale, eventual în combinație cu alte metode de identificare.

Actorii

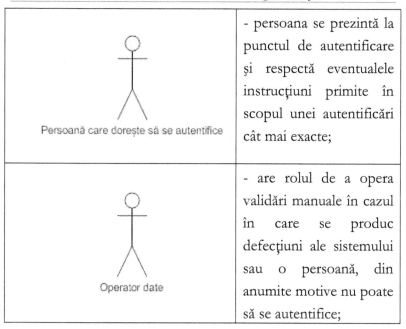 Persoană care dorește să se autentifice	- persoana se prezintă la punctul de autentificare și respectă eventualele instrucțiuni primite în scopul unei autentificări cât mai exacte;
Operator date	- are rolul de a opera validări manuale în cazul în care se produc defecțiuni ale sistemului sau o persoană, din anumite motive nu poate să se autentifice;

Tabel 7.1. Actorii cazurilor de utilizare

Descrierea cazurilor de utilizare

Cazul de utilizare înregistrare persoană nouă în baza de date a instituției

Sunt înregistrate datele de identificare ale persoanei și fotografia acesteia. Sistemul poate fi utilizat împreună cu un card magnetic sau independent.

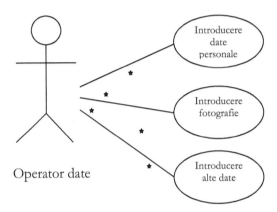

Operator date

Figura 7.16. Cazul de utilizare - înregistrare utilizator nou

Cazul de utilizare autentificare prin recunoaşterea facială reprezintă centrul atenţiei prezentei expuneri şi arată felul în care se autentifică persoana în cadrul sistemului. Alegerea acestei tehnologii este motivata de faptul că există domenii de activitate unde autentificarea cu ajutorul mijloacelor clasice, incluzând chiar un card magnetic nu este suficientă ştiind că acestea pot fi pierdute sau falsificate, iar asemenea condiţii este crucială autentificarea pe baza caracteristicilor fizionomice.

Caz de utilizare validare manuală în condiţiile în care sistemul suferă defecţiuni sau persoana nu se poate autentifica.

Sistemul poate suferi defecţiuni şi atunci o validare manuală este absolut necesară sau pot exista situaţii în care fizionomia persoanei respective se schimbă şi atunci este necesară o înlocuire a fotografiei cu care se face compararea.

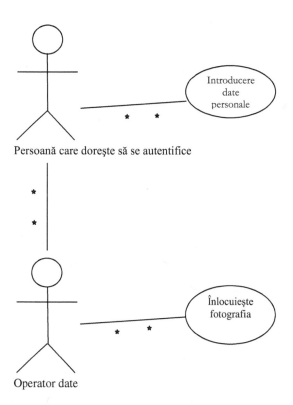

Persoană care doreşte să se autentifice

Operator date

Figura 7.17. Cazul de utilizare – actualizare fotografie

7.3.2. Descrierea cazurilor de utilizare

Cazul de utilizare înregistrare persoană nouă în baza de date

Scop: înregistrarea în baza de date a organizaţiei;

Actori: operator date şi furnizorul acesteia adică persoana înregistrată;

Punctul iniţial: se cere înregistrarea unei persoane noi în cadrul sistemului;

Punct final: persoana este înregistrată şi poate iniţia un proces de autentificare;

Descrierea: Persoana nou intrată în cadrul organizaţiei îşi prezintă datele de identificare sau după caz acestea sunt furnizate de către alte organizaţii şi se înregistrează fotografia cu care se vor face comparările în viitor.

Cazul de utilizare: utilizare autentificare prin recunoaşterea facială

Scop: autentificarea cu succes a utilizatorului sistemului;

Actorul: persoana care doreşte să se autentifice;

Punct iniţial: iniţierea unei procesului de autentificarea în sistemul informatic prin compararea imaginii captate de camera web/video cu imaginea stocată în baza de date;

Punct final: confirmarea identităţii persoanei;

Descrierea: persoana care doreşte să se autentifice se prezintă la punctul de control al accesului şi aşteaptă fie confirmarea autentificării, fie o respingere. În al doilea caz se apelează la operatorul uman care analizează situaţia şi decide dacă este cazul să înlocuiască imaginea anterior stocată, este nevoie de alte reglaje ale sistemului sau pur şi simplu simplu sistemul de autentificare este defect.

7.3.3. Structurarea în pachete

Gruparea în pachete, în această etapă, este utilă pentru o abordare mult mai eficientă, iar criteriile după care s-a realizat a fost, în principal, unitatea de conţinut.

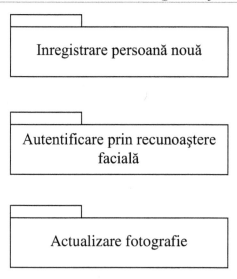

Figura 7.18. Gruparea în pachete

După gruparea în pachete se pot defini iterațiile în care va fi proiectat și realizat produsul final. Scopul declarat al prezentei analize este acela de a detalia modul în care se poate folosi tehnologia biometrică și în special recunoașterea facială în procesul autentificării.

Am considerat că ordinea iterațiilor ar trebui să fie:
- Înregistrare unui utilizator nou;
- Autentificare;
- Actualizare fotografie - periodic;

7.3.4. Analiza

7.3.4.1. Diagramele de activitate

Diagramele cu care debutează analiza sunt cele de activitate şi de secvenţă şi realizează o cunoaştere mai aprofundată a cerinţelor enunţate în cazurile de utilizare. La finalul analizei, modelul problemei trebuie să se concretizeze prin diagrama claselor.

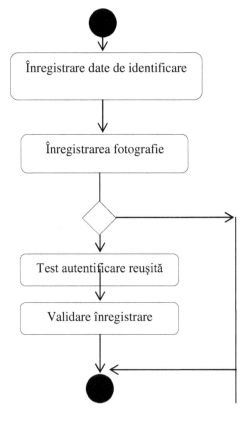

Figura 7.19. Diagrama de activitate pentru înregistrarea utilizatorului nou

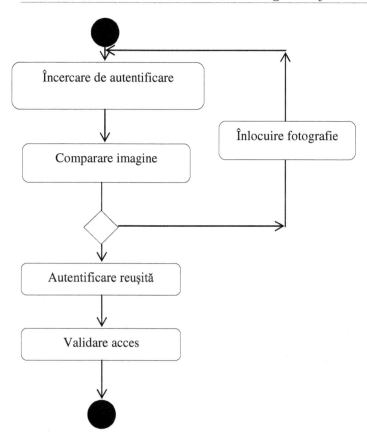

Figura 7.20. Diagrama de activitate autentificare

7.3.4.2.Diagramele de secvență

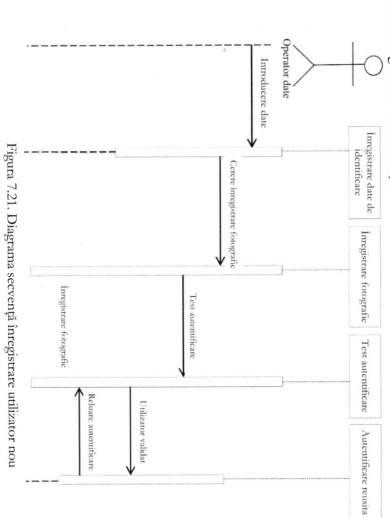

Figura 7.21. Diagrama secvență înregistrare utilizator nou

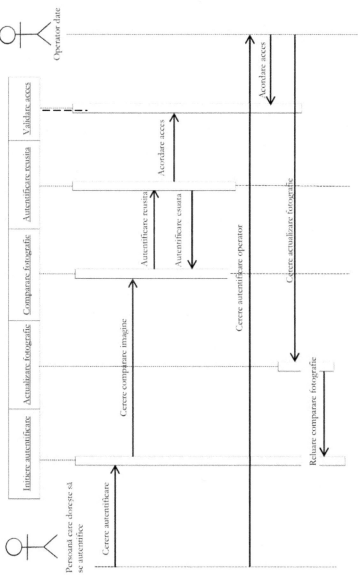

Figura 7.22.Diagrama de secvență autentificare

205

7.3.5. Proiectarea

7.3.5.1. Diagramele de stare

Diagramele de stare reflectă evenimentele care determină trecerea de al starea de "invalidare fotografie" din diverse motive, fie că utilizatorul nu a fost încă înregistrat, fie că se cere o actualizare a fotografiei sale, fie că sistemul este defect și este necesară intervenția factorului uman la starea de

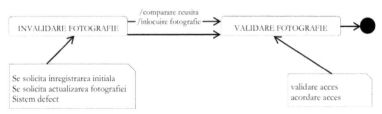

"validare fotografie" realizată ca urmare a înrolării cu succes.

Figura 7.23.Diagrama de stări pentru clasa de obiecte autentificare

7.3.5.2. Modelul claselor

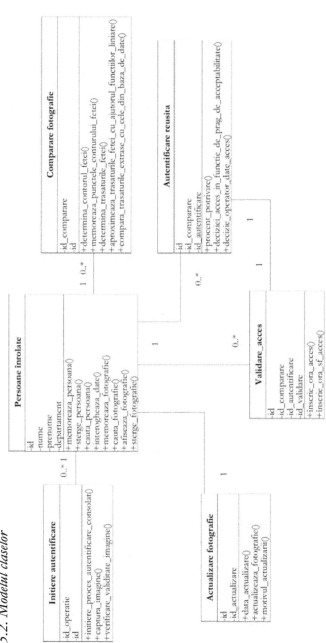

Figura 7.24. Modelul claselor

7.3.5.3. *Diagrama colaborărilor*

În această etapă se pot ilustra colaborările, respectiv schimburile de mesaje dintre obiectele claselor de gestiune completate cu operațiile legate de persistență.

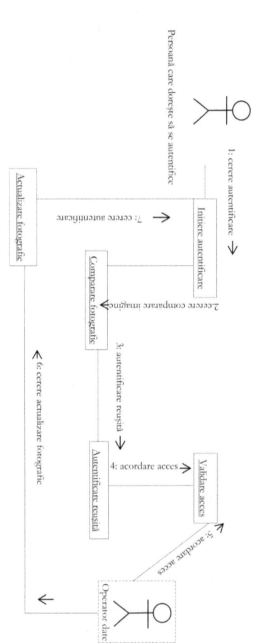

Figura 7.25. Diagrama de colaborări pentru autentificarea în sistemul recunoașterii faciale

7.3.5.4. Modelul persistență – interfață

Elementele de interfață sunt marcate ca "Interfața", iar cele de persistență cu "Table".

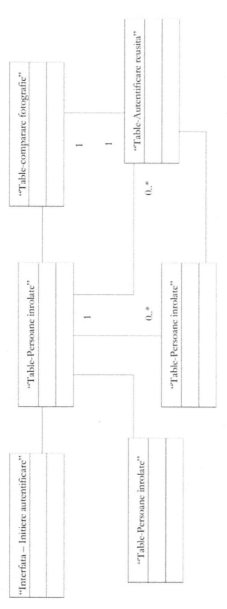

Figura 7.26. Diagrama claselor cu accent pe elementele de persistență și interfață

7.3.5.5. Diagrama componentelor

Urmarea separării claselor specifice logicii problemei şi interfeţei este reprezentarea diagramei componentelor după aceleaşi reguli.

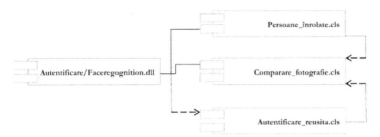

Figura 7.27.Diagrama componentelor în format sursă corespunzătoare logicii problemei

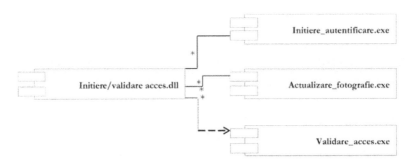

Figura 7.28. Diagrama componentelor executabile

Clasele de prezentare sunt cuprinse în proiectele *iniţiere_autentificare.exe, validare_acces.exe* se execută la consola de autentificare, iar *actualizare_fotografie.exe se* execută pe staţiile de lucru ale operatorului sau operatorilor de date.

210

7.3.5.6. Diagrama de amplasare

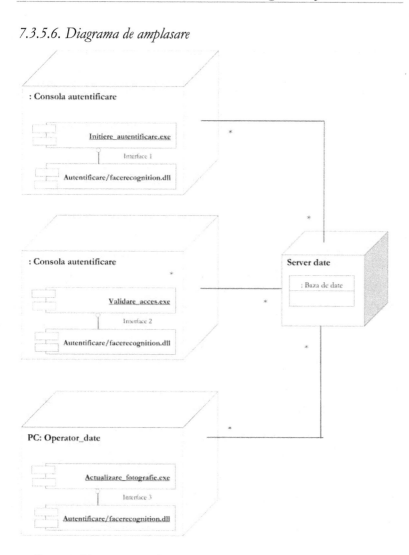

Figura 7.29.Diagrama de amplasare într-o arhitectură client-server
cu 2 nivele

211

7.3.6. Concluziile proiectării sistemului

Acest sistem are următoarele avantaje:

- realizarea unui mod facil de control al accesului în anumite locaţii sau la anumite servicii;

- foloseşte avantajul automatizării recunoaşterii faciale şi implică factorul uman doar pentru situaţiile în care sistemul se defectează sau este necesară o actualizare a fotografiei unui utilizator, ca urmare a faptului că în timp fizionomiile persoanelor se schimbă;

- în privinţa suportului hardware costurile implicate nu sunt mari, acesta necesitând unul sau două calculatoare personale, o cameră web sau video iluminate corespunzător, infrastructura de reţea corespunzătoare, un server care să îndeplinească mai multe roluri: web şi baza de date;

- din punct de vedere software se recomandă instalarea în tandem a unui MySQL server şi a unui server Web Apache ambele cu licenţe opensource;

- diagrama de amplasare, relevă faptul că arhitectura sistemului este de tip client-server cu 2 nivele. Componentele legate de consola de autentificare sunt destinate doar pentru a iniţia procesul de autentificare şi pentru a primi confirmarea autentificării cu succes, iar componenta operatorului de date are rolul de a înregistra utilizatorii şi de a realiza periodic actualizări ale fotografiilor utilizatorilor.

Concluzii

Metodele biometrice de identificare pot fi utilizate ca măsură sporită de securitate, pentru a facilita autentificarea persoanelor sau pentru securizarea datelor şi informaţiilor transmise prin internet.

Scopul lucrării a fost identificarea metodelor şi tehnicilor biometrice folosite în prezent, precum şi utilizarea acestora în aplicaţii specifice.

S-a efectuat o identificare a principalelor metode biometrice punându-se accent pe arhitectura, precum şi pe metodele şi tehnicile de achiziţie, stocare, analiză şi regăsire a datelor.

Lucrarea a realizat o clasificare a metodelor şi tehnicilor biometrice de identificare, a prezentat câteva metode şi tehnici aplicate în acest domeniu şi a descris câteva aplicaţii existente pe piaţă şi a proiectat sisteme informatice cu componente biometrice de identificare.

Studiul de literatură a fost fundamentat pe surse bibliografice recente, acte normative şi resurse web.

O primă parte a studiului a detaliat modelarea arhitecturii sistemelor biometrice, etapele parcurse de la achiziţia datelor biometrice până la posibilitatea regăsirii acestora şi identificarea/autentificarea persoanelor. S-a realizat clasificarea metodelor biometrice în conformitate cu numeroase criterii.

Tehnologia identificării prin amprente digitale este cea mai veche dintre metodele bimetrice și a marcat trecerea de la sistemele manuale de stocare, clasificare și regăsire la metodele automate. Cele mai importante etape ale prelucrării amprentelor digitale sunt: scanarea și digitizarea, prelucrarea sau sporirea acurateții amprentei, extragerea detaliilor, validarea inițială. postprocesarea, clasificarea șabloanelor, regăsirea șabloanelor și uneori verificarea manuală. Au fost prezentate principalele aplicații ale acestei tehnologii, dintre care amintim: genetica, aplicații guvernamentale, aplicații criminalistice, aplicații civile și comerciale, controlul frontierelor, securitate bancară, etc. Am considerat ca necesară o scurtă trecere în revistă a echipamentelor dotate cu cititoare de amprente. Ca *element de originalitate* dedicat aplicațiilor metodelor biometrice de identificare a fost proiectat un sistem de autentificare pe baza de amprente digitale dedicat penitenciarelor, în care am arătat utilitatea acestuia, știind faptul că într-o astfel de instituție toate mișcările și operațiile se efectuează însoțite de o autentificare prealabilă.

Recunoașterea irisului este tehnologia cu cea mai scăzută rată de eroare și nu este invazivă atâta timp cât citirea irisului se realizează de la o distanță confortabilă. Senzorii, localizarea, reprezentarea și regăsirea semnăturilor irisului, cuantificarea corespondenței și în final decizia aparțin celor doi autori consacrați: J.Daugmann și R.P.Wildes. Au fost menționate aplicațiile majore ale acestei tehnologii: controlul și accesul pe aeroporturi, comerț electronic, accesul la datele medicale ale pacienților, protecția rețelelor de calculatoare, asistență socială și îngrijirea persoanelor cu dizabilități. Sunt prezentate în finalul acestui capitol rata de eroare a recunoașterii pe baza irisului față de celelalte tehnologii, iar avantajul este evident. Tipurile de echipamente propuse de unul dintre cei mai importanți promotori ai tehnologiei sunt expuse la finalul capitolului 3. Aplicația referită în legătură cu capitolul anterior poate fi proiectată, tot într-o manieră *originală*, utilizând recunoașterea irisului ca principală metodă de autentificare pentru penitenciare sau alte instituții asemănătoare.

Verificarea vorbirii constă în stabilirea legăturii dintre vorbire și persoana care se dorește a fi identificată. Vocea vorbitorului este transpusă într-un model și se realizează apoi compararea cu colecția generată de vorbitor. De-a lungul timpului au fost numeroase încercări de implementare a acestei metode, dar cea mai completă dintre ele este cea promovată de Compania Nuance prin produsul "Dragon NaturallySpeaking". Performanțele cele mai bune sunt obținute pentru limba engleză, dar nu poate realiza o dictare absolut independentă și de acuratețe 100%.

Recunoașterea facială este o metodă pasivă pentru că nu necesită cooperarea subiecților și impreună cu recunoașterea vocii este poate cea mai apropiată de percepția umană. Medoda se implementează în câțiva pași: detectarea șablonului feței, urmărirea feței într-o secvență video, verificarea facială, recunoașterea facială.

Capitolul 6 evidenţiază problema cea mai spinoasă legată de implementarea metodelor biometrice şi anume aceea a utilizării lor în viaţa de zi cu zi. Ca o contribuţie de *originalitate*, în acest capitol am realizat o sinteză a principalilor formatori de opinie în legătură cu problematica biometriei, dar mai ales cea a RFID, atât din ţară cât şi din străinătate. *S-a realizat şi o* sinteză a actelor normative naţionale şi europene care urmează să reglementeze elaborarea de acte de identitate electronice.

Dezbaterea publică este o condiţie absolut necesară pentru implementarea la nivelul ţării noastre a modificărilor la nivelul actelor de identitate prin introducerea cip-urilor RFID. Este necesară o dezbatere atât din punctul de vedere al eticii cetăţeneşti, a moralei cât şi din punctul de vedere utilizării tehnologiilor biometrice.

Din punct de vedere moral, în situaţia în care fiecare persoană ar deţine un act de identitate cu componentă biometrică şi ar exista posibilitatea colectării acestora în locuri şi în condiţii din cele mai diverse, fără ca posesorul acestuia să ştie.

Aplicarea legislaţiei actuale în domeniul actelor de identitate, paşapoarte şi permise trebuie să se facă în aşa fel încât să nu producă discriminări din punct de vedere social, politic sau economic pentru cei care acceptă sau refuză implementarea lor.

Tehnologia RFID(Radio Frequency IDentification), care stochează şi transmite datele biometrice este foarte puternică şi poate duce foarte uşor la abuzuri. Cititoarele RFID pot fi plasate pretutindeni, într-un mod invizibil pentru toată lumea. Etichetele RFID pot fi plasate în hainele şi lucrurile personale, iar la achiziţionare sunt asociate cu cartea de credit a clientului, iar în acest fel se pot colecta o mulţime de informaţii despre indivizi.

În aceste condiţii consultarea societăţii civile ar fi un pas necesar şi binevenit înainte de punerea în operă a documentelor electronice.

Este greu de apreciat care ar fi rezultatele unui referendum naţional pe tema introducerii actelor biometrice, însă folosind metoda planificării stategice, un instrument managerial foarte util, am realizat o analiză a punctelor tari, a punctelor slabe, a oportunităţilor şi ameninţărilor din mediul extern(S.W.O.T.).

Ca element de *noutate* este analiza managerială a adoptării metodelor biometrice, pe de o parte la nivel naţional, iar pe de altă parte la nivel de instituţie.

Concluzia acestui studiu reflectă o conduită mult mai prudentă pe care ar trebui să o adoptăm în legătură cu adoptarea la nivel macroeconomic a tehnologiilor biometrice, adică în cadrul documentelor de identificare. Mult mai bine susţinută este aplicabilitatea acestor metode la scară microeconomică, în situaţii bine determinate şi cu implicaţii mult mai reduse legate de intimitatea vieţii private sau chiar în medii în care libertăţile sunt limitate.

Analiza S.W.O.T. (Strenghts, Weeknesses, Opportunities and Treats) Punctelor forte, Puncte Slabe,

Oportunități și Riscuri/Amenințări) a fost folosită pentru a compara implementarea metodelor biometrice în două situații:

- la nivel național prin introducerea actelor de identitate electronice;
- la nivelul unei instituții, într-un cadru mult mai restrâns, cum este cazul analizat la capitolul 6.

Concluziile analizelor S.W.O.T. indică faptul că este mult mai indicată implementarea acestor metode la nivel de organizație economică sau instituție decât la nivel național unde atât punctele slabe (intrinseci), cât și amenințările (din mediul extern) sunt mult mai numeroase și mai importante din punct de vedere social și moral.

În condițiile în care introducerea tehnologiei RFID, adică a documentelor electronice la noi în țară este o realitate, *consider că sunt deosebit de importante* următoarele aspecte:

- să nu existe obligativitatea adoptării lor, cel puțin pentru acei cetățeni care din motive de convingere, religioase sau morale nu doresc acest lucru;
- volumul de date care se stochează să nu afecteze viața privată a indivizilor;
- să nu existe repercursiuni asupra persoanelor care nu doresc adoptarea acestor acte electronice, în sensul privării de serviciile sociale de care beneficiază în prezent;
- ar fi utilă o dezbatere publică sau chiar un referendum care să indice adevarata opinie publică în acest sens.

Ca urmare a celor enunțate și ca o părere personală consider că tehnologiile biometrice sunt mult mai eficiente și își ating scopul, fără a crea controverse și temeri în legătură cu furtul identității sau eventualele abuzuri, dacă sunt implementate într-un cadru mai restrâns, fie ca parte a sistemului de securitate a unei organizații economico-sociale , fie pentru o mai bună autentificare a persoanelor instituționalizate.

Metoda recunoașterii faciale folosind "Active contour" cu ajutorul "PHP – image processing and GD grafic extension" este detaliată în capitolul 7 și reprezintă modalitatea în care această abordare poate fi folosită pentru delimitarea trăsăturilor feței.

"Active contour" este o metodă prin care se delimitează contururile obiectelor din imagini printr-o elipsă inițială plasată relativ aproape de conturul căutat. Fiecare punct al conturului "caută" într-o vecinătate MxM pixeli punctul care minimizează energia totală. Această energie cuprinde 3 elemente: distanța dintre puncte, unghiul dintre acestea și un element specific, gradientul (în fapt gradientul cu semnul minus) , a căror sumă duce la găsirea punctului cel mai aproape de contur (edge). Cu cât marginea conturului este mai aproape, cu atât gradientul este mai mare (mai mic cu semnul minus).

Raționamentul *propriu*, pe care se bazează și algoritmul prezentat în acest capitol, se bazează pe câțiva pași prealabili: fotografia inițială (în general color) este supusă filtrării, de regulă filtre gaussiene și de găsire a marginilor (edge). Apoi, imaginea se transformă în tonuri de gri, fie printr-un filtru, fie prin scanarea pixel cu pixel, știind că în această situație elementele RGB (Red = Green = Blue) sunt egale.

219

Metoda constă în faptul că fotografia este transformată și mai mult, prin alegerea unui prag, relativ la care se face conversia pixelilor în alb (255) și negru (0) , rezultatul fiind fotografia alb-negru, pentru o regăsire mai exactă a marginilor.

Metoda realizează "mișcarea" succesivă a punctelor în cadrul vecinătății proprii, MxM pixeli învecinați.

Un alt element de *originalitate* adus metodei constă în faptul că "mișcarea" punctelor este mult mai rapidă dacă se exclud axele OX și OY, deci se "forțează" o mișcare în diagonală.

Algoritmul prevede oprirea "mișcării" punctelor atunci când se atinge un număr de iterații sau când un număr foarte mic de puncte se mai deplasează.

Am considerat că un plus de eficiență se aduce acestui algoritm prin stabilirea unui prag al intensității care să determine oprirea deplasării punctelor. Spre exemplu, am stabilit pragul intensității ca fiind egal cu 10. Aceasta înseamnă că dacă un punct se află în cadrul sau foarte aproape de conturului vizat, deci intensitatea acelui pixel are valori de la 0 la 10, atunci punctul respectiv devine static.

Exactitatea conturului este determinată de numărul de puncte folosit, de numărul de iterații, de filtrele folosite, de calitatea imaginii, de iluminarea la locul achiziției imaginii și de alți factori care pot fi controlați de instituția care îl implementează.

Odată determinat conturul feţei, cunoscând proporţiile şi faptul că trăsăturile sunt simetrice se trece la determinarea conturului celorlalte elemente ale feţei.

Transpunerea acestor "active contur", astfel determinate, în forme geometrice, respectiv descrise de funcţii liniare este una dintre metodele cele mai sigure pentru compararea ulterioară a trăsăturilor.

Cu alte cuvinte trecerea de la imaginea "bitmap" la cea "vectorială" este de dorit pentru a maximiza eficienţa algoritmului.

De asemenea, *original* consider că este şi suportul pentru prelucrarea imaginii, oferit de "PHP – image processing and GD graphic extension", baza de date care este folosită în acest caz este MySQL, iar ca server web pentru execuţia scripturilor Apache, în orice versiune, toate cu licenţe open source. Dacă această combinaţie este deja consacrată, alăturarea lui "active contour" în scopul face recognition şi adaptarea acesteia poate fi considerat un element de originaliate.

Consider faptul că metoda în ansamblu este una *originală* prin abordare, tehnici folosite, adaptările descrise mai sus şi pachetul software cu care se pun în operă.

Studiul de caz „Proiectarea sistemului de autentificare folosind metoda recunoaşterii faciale" ilustrează modalitatea în care metoda recunoaşterii faciale descrisă anterior poate fi utilizată într-un mediu relativ restrâns, persoanele autentificate fiind în prealabil înregistrate în sistem. Amendamentul cel mai important este acela că subiecţii sunt înregistraţi în acelaşi mod, în aceleaşi condiţii de iluminare, distanţă, iar în cazul în care persoanele îşi schimbă înfăţişarea în timp fotografia se actualizează pentru a permite accesul cu succes în sistem. Implementarea ar fi foarte utilă în medii sau instituţii unde fie există un grad înalt de securitate al accesului, respectiv persoanele care se autentifică si-au dat in prealabil acordul pentru înregistrarea în sistem, fie în cazul persoanelor instituţionalizate, cărora le sunt îngrădite anumite drepturi.

Prezenta lucrare are un caracter interdisciplinar folosind noţiuni aparţinând mai multor domenii: tehnologia informaţiei, anatomie, management, instrumente ale analizei matematice şi geometrie.

Anexa

Codurile programelor (scripturilor)

Transformarea fotografiei color în tonuri de gri şi apoi alb-negru:

```php
<?php
$source_file = "_poza.jpg";
$imo = ImageCreateFromJpeg($source_file);
$im = ImageCreateFromJpeg($source_file);
//imagefilter($im,IMG_FILTER_GAUSSIAN_BLUR);
//imagefilter ($im,IMG_FILTER_GRAYSCALE);
//imagefilter ($im,IMG_FILTER_EDGE);
//imagefilter ($im,IMG_FILTER_MEAN);
$imgw = imagesx($im);
$imgh = imagesy($im);
 if($imgw>50)
        {
$multi_dim=3;
        }else{
        $multi_dim=10;
        }
print "Imaginea color marita"."<br>";
$new_imgw=$multi_dim*$imgw;
$new_imgh=$multi_dim*$imgh;
$image_p = imagecreatetruecolor($new_imgw,$new_imgh);
imagecopyresampled($image_p, $im, 0, 0, 0, 0, $new_imgw,
$new_imgh, $imgw, $imgh);
imagejpeg($image_p,'poza_color_zoom.jpg');
print            "<img            src='poza_color_zoom.jpg'
align='centre'>"."<br>"."<br>";
```

```
print
"***************************************************
*****"."<br>";
imagefilter($im,IMG_FILTER_GAUSSIAN_BLUR);
print     "Imaginea     color     marita     cu     filtru
gaussian"."<br>"."<br>";
$new_imgw=$multi_dim*$imgw;
$new_imgh=$multi_dim*$imgh;
$image_p = imagecreatetruecolor($new_imgw,$new_imgh);
imagecopyresampled($image_p, $im, 0, 0, 0, 0, $new_imgw,
$new_imgh, $imgw, $imgh);
imagejpeg($image_p,'poza_color_gauss.jpg');
print          "<img          src='poza_color_gauss.jpg'
align='centre'>"."<BR>"."<br>";
print
"***************************************************
*****"."<BR>";
for ($i=0; $i<$imgw; $i++)
{
    for ($j=0; $j<$imgh; $j++)
    {
        $rgb = ImageColorAt($im, $i, $j);
        $rr = ($rgb >> 16) & 0xFF;
        $gg = ($rgb >> 8) & 0xFF;
        $bb = $rgb & 0xFF;
        $g = round(($rr + $gg + $bb) / 3);
        $val = imagecolorallocate($im, $g, $g, $g);
        imagesetpixel ($im, $i, $j, $val);
        imagejpeg($im,'poza_grey.jpg');
        if ($g>125){
           $g=255;
          }else{
           $g=000;
          }
```

```
        $val = imagecolorallocate($im, $g, $g, $g);
        imagesetpixel ($im, $i, $j, $val);
        $global=$global+$g;
    }
    }
imagejpeg($im,'poza_an.jpg');
print "Imaginea alb negru marita"."<br>";
$new_imgw=$multi_dim*$imgw;
$new_imgh=$multi_dim*$imgh;
$image_p = imagecreatetruecolor($new_imgw,$new_imgh);
imagecopyresampled($image_p, $im, 0, 0, 0, 0, $new_imgw,
$new_imgh, $imgw, $imgh);
imagejpeg($image_p,'poza_an_zoom.jpg');
print            "<img            src='poza_an_zoom.jpg'
align='centre'>"."<BR>";
?>
```

Rezultatele obținute sunt:

-imaginea color;
-imaginea color după aplicarea filtrului gaussian;
-imaginea în alb şi negru;

Determinarea "active contour" al feţei:

```php
<?php
$connr=mysql_connect('localhost','root','');
if (!$connr) {
   die('Could not connect: ' . mysql_error());
}
$u=mysql_query('use face');
if (!$u) {
   die('Invalid query: ' . mysql_error());
}
$del="DELETE FROM eye";
$del_exe=mysql_query($del);
$source_file = "an.jpg";
$im = ImageCreateFromJpeg($source_file);
$im1 = ImageCreateFromJpeg($source_file);
//imagefilter ($im, IMG_FILTER_GRAYSCALE);
imagefilter($im,IMG_FILTER_GAUSSIAN_BLUR);

$alfa=1;
$beta=1;
$gama=1;
$imgw = imagesx($im);
$imgh = imagesy($im);

        if($imgw>50)
        {
        $multi_dim=3;
        }else{
```

```
        $multi_dim=10;
        }
$a=round((($imgw*0.95)/2));
$b=round((($imgh*0.95)/2));
$i=16;
$tot=$i;
$fractia=360/$i;
$unghi=0;
$eimagemin=255;
$eimagemax=1;
$econtmax=-pow(2,64);
$ecvmax=-pow(2,64);


//**************************************************
*************
//calculeaza punctele initiale
//**************************************************
*************
$it=2;
$totit=$it;
$vecinatate=3;
$etotalmin=pow(2,64);


//**************************************************
*************
//determina punctele initiale
//**************************************************
*************for ($i=0;$i<$tot;$i++)
{
   $iterationm=0;
   $xm=$imgw/2+$a*cos(deg2rad($fractia*$i));
   $ym=$imgh/2+$b*sin(deg2rad($fractia*$i));
   $rgb = ImageColorAt($im, $xm, $ym);
   $gm = ($rgb >> 8) & 0xFF;
```

```
   $back1=    imagecolorallocate($im,    25,    22*$i*0.5,
5*$i*0.5);
   imagesetpixel ($im, $xm, $ym, $back1 );
   imagejpeg($im,'eye_greedy_iteratia0.jpg');
   mysql_query("INSERT            INTO            eye
(picture_id,index_point,iteration,x,y,g,index_vecin,intensity)
VALUES('1',$i,0,$xm,$ym,$gm,0,$gm)            ")            or
die(mysql_error());
   }


$new_imgw=$multi_dim*$imgw;
$new_imgh=$multi_dim*$imgh;
$image_p = imagecreatetruecolor($new_imgw,$new_imgh);
imagecopyresampled($image_p, $im, 0, 0, 0, 0, $new_imgw,
$new_imgh, $imgw, $imgh);
imagejpeg($image_p, 'eye_greedy_resized_iteratia0.jpg');
print "iteratia 0"."<BR>";
print       "<img       src='eye_greedy_resized_iteratia0.jpg'
align='centre'>"."<BR>";
print "<BR>";
$num=mysql_num_rows(mysql_query("select * from eye"));


//*******************************************************
*************
//calculeaza energia in fiecare punct i;
//*******************************************************
*************
$totiteration=16;
for ($iteration=1;$iteration<$totiteration;$iteration++)
{
$iterationm=$iteration;
for ($i=0;$i<$tot;$i++)
{
   $sel="select * from eye where index_point=$i";
```

```
$qsel=mysql_query($sel);
$row=mysql_fetch_array($qsel);
$xc=$row['x'];
$yc=$row['y'];
$gc=$row['g'];
$index_pointc=$row['index_point'];
$i_ant=$index_pointc-1;
$sel="select * from eye where index_point=$i_ant";
$qsel=mysql_query($sel);
$row=mysql_fetch_array($qsel);
$x_ant=$row['x'];
$y_ant=$row['y'];
$g_ant=$row['g'];
$i_pos=$index_pointc+1;
$sel="select * from eye where index_point=$i_pos";
$qsel=mysql_query($sel);
$row=mysql_fetch_array($qsel);
$x_pos=$row['x'];
$y_pos=$row['y'];
$g_pos=$row['g'];
$econtm=sqrt(pow($xc-$x_ant,2)+pow($yc-$y_ant,2));
$q="update   eye   set   econt=$econtm   where
index_point=$index_pointc";
$qexec=mysql_query($q);
$ecvm=pow($x_ant-2*$xc+$x_pos,2)+pow($y_ant-
2*$yc+$y_pos,2);
$q="update   eye   set   ecv=$ecvm/$econtm   where
index_point=$index_pointc";
$qexec=mysql_query($q);
$eimagem=-abs($gc-$g_ant);
$q="update   eye   set   eimage=$eimagem   where
index_point=$index_pointc";
$qexec=mysql_query($q);
```

```
$etotalm=$alfa*$econtm+$beta*$ecvm+$gama*$eimagem;
   $q="update    eye    set    etotal=$etotalm    where
index_point=$index_pointc";
   $qexec=mysql_query($q);
//***************************************************
*************
//primul punct
//***************************************************
*************$sel="select    *    from    eye    where
index_point=0";
$qsel=mysql_query($sel);
$row=mysql_fetch_array($qsel);
$xc=$row['x'];
$yc=$row['y'];
$gc=$row['g'];
$index_pointc=$row['index_point'];
$i_ant=$num-1;
$sel="select * from eye where index_point=$i_ant";
$qsel=mysql_query($sel);
$row=mysql_fetch_array($qsel);
$x_ant=$row['x'];
$y_ant=$row['y'];
$g_ant=$row['g'];
$i_pos=1;
$sel="select * from eye where index_point=$i_pos";
$qsel=mysql_query($sel);
$row=mysql_fetch_array($qsel);
$x_pos=$row['x'];
$y_pos=$row['y'];
$g_pos=$row['g'];
$econtm=sqrt(pow($xc-$x_ant,2)+pow($yc-$y_ant,2));
$q="update eye set econt=$econtm where index_point=0";
$qexec=mysql_query($q);
```

```php
$ecvm=pow($x_ant-2*$xc+$x_pos,2)+pow($y_ant-2*$yc+$y_pos,2);
$q="update eye set ecv=$ecvm/$econtm where index_point=0";
$qexec=mysql_query($q);
$eimagem=-abs($gc-$g_ant);
$q="update eye set eimage=$eimagem where index_point=0";
$qexec=mysql_query($q);
$etotalm=$alfa*$econtm+$beta*$ecvm+$gama*$eimagem;
$q="update eye set etotal=$etotalm where index_point=0";
$qexec=mysql_query($q)."<BR>"."<BR>";
//*************************************************************
//ultimul punct
//*************************************************************
$sel="select * from eye where index_point=$num-1";
$qsel=mysql_query($sel);
$row=mysql_fetch_array($qsel);
$xc=$row['x'];
$yc=$row['y'];
$gc=$row['g'];
$index_pointc=$row['index_point'];
$i_ant=$num-2;
$sel="select * from eye where index_point=$i_ant";
$qsel=mysql_query($sel);
$row=mysql_fetch_array($qsel);
$x_ant=$row['x'];
$y_ant=$row['y'];
$g_ant=$row['g'];
//*************************************************************
//x_pos pentru ult
```

```
//********************************************
*************
$i_pos=0;
$sel="select * from eye where index_point=$i_pos";
$qsel=mysql_query($sel);
$row=mysql_fetch_array($qsel);
$x_pos=$row['x'];
$y_pos=$row['y'];
$g_pos=$row['g'];

$econtm=sqrt(pow($xc-$x_ant,2)+pow($yc-$y_ant,2));
$q="update     eye     set     econt=$econtm     where
index_point=$index_pointc";
$qexec=mysql_query($q);

$ecvm=pow($x_ant-2*$xc+$x_pos,2)+pow($y_ant-
2*$yc+$y_pos,2);
$q="update     eye     set     ecv=$ecvm/$econtm     where
index_point=$index_pointc";
$qexec=mysql_query($q);

$eimagem=-abs($gc-$g_ant);
$q="update     eye     set     eimage=$eimagem     where
index_point=$index_pointc";
$qexec=mysql_query($q);

$etotalm=$alfa*$econtm+$beta*$ecvm+$gama*$eimagem;
$q="update     eye     set     etotal=$etotalm     where
index_point=$index_pointc";

$qexec=mysql_query($q);
$new_imgw=$multi_dim*$imgw;
$new_imgh=$multi_dim*$imgh;
$image_p = imagecreatetruecolor($new_imgw,$new_imgh);
```

```
imagecopyresampled($image_p, $im, 0, 0, 0, 0, $new_imgw,
$new_imgh, $imgw, $imgh);
imagejpeg($image_p, 'eye_greedy_resized.jpg');

//************************************************
*************//calculeaza punctele din vecinatatea fiecarui
punct
//************************************************
*************$sel="select      *      from      eye      where
index_point=$i";
$qsel=mysql_query($sel);
$row=mysql_fetch_array($qsel);
$xc=$row['x'];
$yc=$row['y'];
$gc=$row['g'];
if ($gc>10)
{
$count=0;
$index_pointc=$i;
for ($vx=-4;$vx<0;$vx++)
{
for ($vy=-4;$vy<0;$vy++)
{
   $count++;
   $x_vecin=$xc+$vx;
   $y_vecin=$yc+$vy;
   $rgb = ImageColorAt($im, $x_vecin, $y_vecin);
   $g_vecin = ($rgb >> 8) & 0xFF;
   mysql_query("INSERT             INTO             eye
(picture_id,index_point,iteration,x,y,g,index_vecin)
VALUES('1',$index_pointc,$iterationm,$x_vecin,$y_vecin,$
g_vecin,$count) ") or die(mysql_error()));
}
}
```

```
for ($vx=1;$vx<5;$vx++)
{
for ($vy=1;$vy<5;$vy++)
{
   $count++;
   $x_vecin=$xc+$vx;
   $y_vecin=$yc+$vy;
   $rgb = ImageColorAt($im, $x_vecin, $y_vecin);
   $g_vecin = ($rgb >> 8) & 0xFF;
   mysql_query("INSERT                INTO         eye
(picture_id,index_point,iteration,x,y,g,index_vecin)
VALUES('1',$index_pointc,$iterationm,$x_vecin,$y_vecin,$
g_vecin,$count) ") or die(mysql_error());
      }
   }
$index_pointc=$i;
$sel="select * from eye where (index_point=$index_pointc-
1 and iteration=0)";
$qsel=mysql_query($sel);
$row=mysql_fetch_array($qsel);
$x_ant=$row['x'];
$y_ant=$row['y'];
$g_ant=$row['g'];
$sel="select        *        from        eye        where
(index_point=$index_pointc+1 and iteration=0)";
$qsel=mysql_query($sel);
$row=mysql_fetch_array($qsel);
$x_pos=$row['x'];
$y_pos=$row['y'];
$g_pos=$row['g'];
$sel="select * from eye where (index_point=$index_pointc
and iteration<>0)";
$qsel=mysql_query($sel);
while ($row=mysql_fetch_array($qsel))
```

```
{
$x_vecin=$row['x'];
$y_vecin=$row['y'];
$g_vecin=$row['g'];
$index_vecinc=$row['index_vecin'] ;

//******************************************************
//calculeaza energiile in vecinatatile fiecarui punct
//******************************************************
$econtm=sqrt(pow($x_vecin-$x_ant,2)+pow($y_vecin-$y_ant,2));
$q="update eye set econt=$econtm where (index_vecin=$index_vecinc and index_point=$index_pointc)";
$qexec=mysql_query($q);

$ecvm=pow($x_ant-2*$x_vecin+$x_pos,2)+pow($y_ant-2*$y_vecin+$y_pos,2);
$q="update eye set ecv=$ecvm/$econtm where (index_vecin=$index_vecinc and index_point=$index_pointc)";
$qexec=mysql_query($q);

$eimagem=-abs($g_vecin-$g_ant);
$q="update eye set eimage=$eimagem where (index_vecin=$index_vecinc and index_point=$index_pointc)";
$qexec=mysql_query($q);

$etotalm=$alfa*$econtm+$beta*$ecvm+$gama*$eimagem;
```

```
$q="update     eye     set     etotal=$etotalm     where
(index_vecin=$index_vecinc                              and
index_point=$index_pointc)";
$qexec=mysql_query($q);
    }
$sel="select min(etotal) from eye where (index_point=$i and
iteration=$iterationm and eimage=min(eimage))";
$sel="select min(etotal) from eye where (index_point=$i and
iteration=$iterationm)";
$qsel=mysql_query($sel);
$row=mysql_fetch_array($qsel) ;
$etotalmin=$row['min(etotal)'];
$sel1="select x,y,g,econt,ecv,eimage,etotal  from eye where
(index_point=$i     and     iteration=$iterationm     and
etotal=$etotalmin)";
$qsel1=mysql_query($sel1);
$row1=mysql_fetch_array($qsel1) ;
$x_nou=$row1['x'];
$y_nou=$row1['y'];
$g_nou=$row1['g'];
$econt_nou=$row1['econt'];
$ecv_nou=$row1['ecv'];
$etotal_nou=$row1['etotal'];
$q1="update                  eye                  set
x=$x_nou,y=$y_nou,g=$g_nou,index_vecin=0          where
(index_point=$i and iteration=0)";
$qexec=mysql_query($q1);
}
}
$sel="select * from eye where  iteration=0";
$qsel=mysql_query($sel);
while ($row=mysql_fetch_array($qsel))
{
$xit=$row['x'];
```

```
$yit=$row['y'];
$git=$row['g'];

$rgb = ImageColorAt($im, $xit, $yit);
$gm = ($rgb >> 8) & 0xFF;
$back2=        imagecolorallocate($im,        250*$iteration,
22*$iteration, 0);
imagesetpixel ($im, $xit, $yit, $back2 );
imagejpeg($im,'eye_greedy_iteratia.jpg');
}
}
```

print   "<img   src='eye_greedy_resized_iteratia0.jpg'
align='centre'>";

```
$new_imgw=$multi_dim*$imgw;
$new_imgh=$multi_dim*$imgh;
$image_p = imagecreatetruecolor($new_imgw,$new_imgh);
imagecopyresampled($image_p, $im, 0, 0, 0, 0, $new_imgw,
$new_imgh, $imgw, $imgh);
imagejpeg($image_p, 'eye_greedy_resized.jpg');
```

print "<img src='eye_greedy_resized.jpg' align='centre'>";

```
$sel="select * from eye where iteration=0";
$qsel=mysql_query($sel);
while ($row=mysql_fetch_array($qsel))
{
$xit=$row['x'];
$yit=$row['y'];
$git=$row['g'];
$rgb = ImageColorAt($im1, $xit, $yit);
$gm = ($rgb >> 8) & 0xFF;
$back2=        imagecolorallocate($im1,        250*$iteration,
22*$iteration, 25);
imagesetpixel ($im1, $xit, $yit, $back2 );
}
$new_imgw=$multi_dim*$imgw;
```

```
$new_imgh=$multi_dim*$imgh;
$image_p = imagecreatetruecolor($new_imgw,$new_imgh);
imagecopyresampled($image_p, $im1, 0, 0, 0, 0,
$new_imgw, $new_imgh, $imgw, $imgh);
imagejpeg($image_p,'eye_greedy_iteratia_ultima.jpg');
print    "<img    src='eye_greedy_iteratia_ultima.jpg'
align='centre'>"."<BR>";
?>
```

Rezultatele obţinute sunt:

-punctele aparținând conturului inițial;
-deplasarea punctelor spre conturul vizat;
-punctele se situează pe contur.

Bibliografie

Cărţi

[ABE10]   S.Abe, Support Vector Machines for Pattern Classification, 2010, ISBN: 978-1-84996-097-7 (Print) 978-1-84996-098-4 (Online)

[ADLE65]   F.H.Adler, Phisiology of the Eye.C.V.Mosby, Saint Louis, Missouri,1965.

[AKC01]   W.D.Andrews, M.A.Kohler and J.Campbell, Acoustic, idiolectical and phonetic speaker recognition.Proc.2001: A Speaker Odyssey, The Speaker Recognition Workshop, Crete, 2001

[AKCGC02]   W.D.Andrews, M.A.Kohler, J.Campbell, J.Godfrey and J.H.Cordero, Gender dependent phonetics refraction for speaker recognition.Proc. IEEE International Conference on Acoustics, Speech and Signal Processing, 2002.

[BAGE02]   A.M.Bazen and S.H.Gerez, Systematic methods for the computation of the directional fields and singular points of fingerprints. IEEE Trans. Pattern Analysis and Machine Intellgence, 24 (7), 907-919, 2002.

[BERR94]   J.Berry, The history and development of fingerprinting, H.C. Lee and R.E. Gaensslen (eds) Advances in fingerprinting Technology. CRC Press, Florida, 1994, pp. 1-38

[BERTI1885]	A.Bertillon, La couleur de l'iris.Revue Scientifique,63,65-73,1885.
[BLSP09]	T.Biyikoglu,J. Leydold, F. Stadler, Peter F.," Laplacian Eigenvectors of Graphs", Springer, 2009
[BPF09]	C.Boehnen, T.Peters, P.J.Flynn, "3D Signatures for Fast 3D Face Recognition", p.12-21, Advances in Biometrics, Third International Conference, ICB 2009, Alghero, Italy, June 2-5, 2009. Proceedings, Springer 2009
[CAPU09]	Sorinel Căpușneanu, Elemente de management al costurilor, Editura Economică, 2009
[CHJA09]	Y.Chen, A.K.Jain, Beyond Minutiae: A Fingerprint Individuality Model with Pattern, Ridge and Pore Features. 523-533, Advances in Biometrics, Third International Conference, ICB 2009, Alghero, Italy, June 2-5, 2009. Proceedings
[COLE01]	S.Cole, Suspect identities. Harvard University Press, Cambridge, MA, 2001.
[CORN94]	Viorel Cornescu, Management de la teorie la practică, Ed.Actami, București, 1994
[CUKE1940]	H. Cummins and R. Kennedy, Purkinji's observations (1823) on fingerprints and other skin features. Am. J. Police Sci., 31(3), 1940.
[DAJA01]	S.C.Dass and A.K.Jain, Markov face models . Eighth IEEE International Conference on Computer vision, pp.680-687, 2001.
[DAUG06]	J. Daugman (2006) "Probing the uniqueness and randomness of IrisCodes:

Results from 200 billion iris pair comparisons." *Proceedings of the IEEE,* vol. 94, no. 11, pp 1927-1935.

[DAUG90] J.G.Daugman, Biometric signature security system.Technical Report, Harvard University, Cambridge, Massachussetts, 1990.

[DAUG92] J.G.Daugman, High confidence personal identification by rapid video analysis of iris texture. Proceedings of the IEEE International Carnahan Conference on Security Technology, 1992, pp.1-11.

[DAUG93] J.G.Daugman, High confidence visual recognition of persons by a test of statistical independence.IEEE Trans. Pattern Analysis and Machine Intelligence, 15 (11), 1148-1161, 1993.

[DBHES99] G.Donato , M.S.Bartlett, J.C.Hager, P.Ekman and T.J.Sejnowski, Classifying facial actions.IEEE Trans.Pattern Analysis and Machine Intelligence, 21(10), 974-989, 1999.

[DGB08] K.Delac, M.Grgic, M.S.Bartlett, "Recent Advances in Face Recognition", In-Tech, 2008

[DOU13] G. Dougherty, Pattern Recognition and Classification An Introduction,ISBN: 978-1-4614-5322-2 (Print) 978-1-4614-5323-9 (Online),2013

[FMA94] K.R. Farrel, R.J.Mammone and K.T.Assaleh, Speaker recognition using neural networks and conventional classifiers. IEEE Trans. Speech and Audio Processing, 2 (1:11), 194-205, 1994.

[FRFE95]	L.Frenkel, M.Feder, "Recursive estimate-maximize (EM) algorithms for time varyingparameters with applications to multiple target tracking", Acoustics, Speech, and Signal Processing, 1995. ICASSP-95., 1995 International Conference on Volume 3, Issue , 9-12 May 1995 Page(s):2068 - 2071 vol.3
[FURU81]	S.Furui, Cepstral analysis technique for automatic speaker verification. IEEE Trans. Acoustics, Speech and Signal Processing, 29(2), 254-272, 1981
[GALT1888]	F.Galton, Personal Identification and description. Nature, June 21 and 28, 1888, pp.173-177, 201-202.
[GAYO08]	M. Gales,S.Young, "The application of hidden markov models in speech recognition", Now Publishers, 2008
[GLP95]	J.L.Gauvain, F.L.Lamer and B.Prouts, Experiments with speaker verification over the telephone, Proc. Eurospeech'95, Madrid 1995.
[GORM00]	L.O'Gorman, Practical systems for personal fingerprint authentication, IEEE Computer, February 2000, pp.58-60.
[GOWO02]	R.C.Gonzalez, R.E.Woods, Digital Image Processing (2nd Edition), 2002
[HAAH09]	A.Harimi, A.Ahmadyfard, Image Segmentation Using Correlative Histogram Modeled by Gaussian Mixture, Proceedings of International Conference on Digital Image Processing (ICDIP 2009) Bangkok Thailand 7-9 March 2009

[HAYK08]   S.Haykin, "Neural Networks and Learning Machines", Prentice Hall; 3 edition (November 28, 2008)

[HO01]   P.Ho, Rotation invariant real-time face detection and recognition systems . A.I.memo AIM-2001-010, Artficial Intelligence Laboratory, MIT, 2001.

[HONG09]   S. Hong, Research on a Feature – Based JPEG General Detection Algorithm, Proceedings of International Conference on Digital Image Processing (ICDIP 2009) Bangkok Thailand 7-9 March 2009

[HPP08]   B.Heisele, T.Poggio and M.Pontil, Face detection in still gray images. A.I.memo AIM – 1687, Artificial Intelligence Laboratory, MIT, 2000.

[HREB09]   Lawrence G. Hrebiniak, Strategia în afaceri, ed.All, 2009

[HWJ98]   L.Hong, Y.Wan and A.K.Jain, Fingerprint image enhancement:algorithms and performance evaluation.IEEE Trans.Pattern Analysis and Machine Inteligence, 20(8), 777-789, August 1998.

[JRN11]   A. K. Jain, A. Ross, K. Nandakumar,Introduction to Biometrics ISBN: 978-0-387-77325-4 (Print) 978-0-387-77326-1 (Online), 2011

[JAHA00]   B.Jahne and H.Hausbecker (eds), Computer Vision and Applications: A Guide for Students and Practitioners.Academic Press, London,2000.

[JOHN91]   R.G.Johnson, Can iris patterns be used to identify people?Chemical and Laser

Sciences Division LAPR-12331-PR, Los Alamos National Laboratory, Los Alamos California, 1991.

[KAJA96]   K.Karu and A.K.Jain, Fingerprint classification. Pattern recognition, 29(3), 389-404,1996.

[KEBE09]   J.Keshet, S.Bengio, "Automatic Speech and Speaker Recognition: Large Margin and Kernel Methods", Wiley, John&Son, Inc., 2009

[KISI90]   M.Kirbi and L.Sirovich, Application of Karhunen-Loeve procedure for the caracterisation of human faces.IEEE Trans.Pattern Analysis and Machine Intelligence, 12(1), 103-108, 1990.

[LBPA00]   M.J.Lyons, J.Budynek, A.Plante and S.Akamatsu, Classifying facial attributes using a 2D Gabor Wavelet representation and discriminant analysis. Proc. Fourth IEEE International Conference on Automatic Face and Gesture Recognition, 2000.

[LIWE00a]   C.Liu and H.Wechsler, Robust coding schemes for indexing and retrieval from large face databases. IEEE Trans. On Image Processing, 9(1), 132-137, 2000.

[LIWE00b]   C.Liu and H.Wechsler, Evolutionary pursuit and its application to face recognition.IEEE Trans.Pattern Analysis and Machine Intelligence, 22(6), 570-582, 2000.

[LIWE03]	C.Liu and H.Wechsler , Independent component analysis of Gabor features for face recognition.IEEE Trans. on Neuronal Networks, 14(4), 2003.
[MACA09]	D.Maltoni, R.Cappelli, "Advances in fingerprint modelling",Image and Vision Computing, Volume 27, Issue 3, Butterworth-Heinemann,2009
[MAMA97]	D.Maio and D.Maltoni, Direct graz-scale minutiae detection in fingerprints.IEEE Trans.Pattern Analysis Machine Intelligence, 19(1), 27-40,1997.
[MAPR00]	A.Martin and M.Przybocki, The NIST speaker recognition evaluation –an overview. Digital Signal Processing, 10, 1-18, 2000.
[MDKOP97]	A.Martin, G.Doddington, T.Kamm, M.Ordowski and M.Przybocki, The DET curve in assessment of detection task performance. Proc. Eurospeech-97, Rhodes, Vol.4, pp.1895-1898.
[MILL88]	B. Miller, Everything you need to know about biometric identification. Personal Identification News 1988 Biometric Industry Directory, Warefel&Miller, Inc., Washington DC, January 1988
[MMJP03b]	D.Maltoni, D.Maio, A.K.Jain and S.Prabhabar, Handbook of Fingerprint recognition.2nd Edition , SPVL, Springer,2009.
[MPP01]	A.Mohan, C.Papageorgiou and T.Pggio, Example-based object detection in images by components.IEEE Trans. Pattern Analysis and Machine Intelligence, 23(4),

249

349-361, 2001.

[MRWSM99]   S.Mika, G.Ratsch, J.Weston, B.Schkopf and K.R.Muller, Fisher discriminant analysis with kernels.In Y.H.Hu, J.Larsen, E.Wilson and S. Douglas (eds), Neuronal Networks for Signal Processing IX, pp. 41-48. IEEE, 1999.

[PARA09]   Andrei Octavian Paraschivescu, Managementul excelenţei, Tehnopres, 2009

[PBJ00]   S.Pankanti, R.M.Bolle and A.Jain, Guest editors' introduction: Biometrics –the future of identification. Computer, 33(2), 46-49, 2000.

[PHIL98]   P.J.Phillips, Support vector machines applied to face recognition.In Neuronal Information Processing Systems, 1998.

[PURK1823]   J. Purkinji, A commentary on the physiological examination of the organs of vision and the cutaneous system, Ph.D. Thesis, Breslau University, 1823.

[RABB09]   H.Rabbani, Image denoising in steerable pyramid domain based on a local Laplace prior, Pattern recognition, Volume 42, Issue 9, Elsevier, 2009

[SCGI96]   M.Schmidt and H.Gish, Speaker identification via support vector classifiers. IEEE International Conference on Acoustics, Speech and Signal Processing, Atlanta, 1996, pp.1:105-108.

[SCKA00]   H.Scheiderman and T.Kanade, A statistical method for 3D object detection applied to faces and cars. Proc.IEEE Computer Society Conference on Computer Vision and Pattern Recognition, 2000.

[SETH99]   J.A.Sethian, Level Set Methods and Fast Marching Methods. Cambridge University Press, Cambridge, 1999.

[SHAU09]   D. O'Shaughnessy, " Automatic Recognition of Natural Speech", IEEE International Conference on Acoustics, Speech, and Signal processing, Taipei, 2009

[SJK09]   P.Stanleya, W. Jebersona, V.V. Klinsegaa, Biometric Authentication: A Trustworthy Technology for Improved Authentication, Proceedings of 2009 International Conference on Future Networks (ICFN 2009) Bangkok Thailand 7-9 March 2009

[SLAT09]   R.Slater, "29 de secrete ale leadershipului de la Jack Welch", Editura All, 2009

[SLVM04]   Gh.Sabau, I. Lungu, M. Velicanu, M. Muntean, S. Ionescu, E. Posdarie, D. Sandu, "Sisteme informatice. Analiza, proiectare, implementare", Editura Economica, Bucuresti, 2004

[SMADB98]   Gh. Sabau, M. Muntean, V. Avram, M. Dârdală, R. Bologa, R. Bologa, "Baze de date", Ed.Matrix Rom, 2008

[SPAL05]   D.J.Spalton, Atlas Clinical Ophtalmology, Ed.Mosby, 2005.

[SSM98]   B.Scholkopf, A.Smola and K.Muller, Nonlinear component analysis as a kernel eigenvalue problem. Neuronal Computation, 10, 1299-1319,1998.

[STJA11]   L. Stan, J. Anil (Eds.), Handbook of Face Recognition, 2nd ed. 2011, ISBN 978-0-85729-932-1

251

[SYM05]   G. Sundaramoorthi,   A. Yezzi   and
               A.Mennucci, Sobolev Active Cotours,
               Springer Berlin/Heidelberg, 2005
[TRBE06]   A. Trucco, F. Bertora, "Harmonic
               Beamforming: Performance Analysis and
               Imaging   Results,"   IEEE   Trans.
               Instrument. and Measurement, vol. 55, no.
               6, pp. 1965-1974, December 2006.
[TUPE91]   M.Turk and A.Pentland, Eigenfaces for
               recognition. J.Cognitive   Neuroscience,
               13(1), 71-86, 1991.
[WAGHKMM92]   R.P.Wildes,   J.C.Asmuth,   G.L.Green,
               S.C.Hsu., R.J.Kolczynski, J.R.Matey and
               S.E.McBride, Iris Recognition for security
               access control: Final report. Technical
               Report, National Information Display
               Laboratory, Princeton, New Jersey, 1992.
[WAGHKMM94]   R.P.Wildes,   J.C.Asmuth,   G.L.Green,
               S.C.Hsu., R.J.Kolczynski, J.R.Matey and
               S.E.McBride, A System for automated iris
               recognition. Proceedings of the IEEE
               workshop on applications of Computer
               vision, 1994, pp.121-128.
[WAGHKMM96]   R.P.Wildes,   J.C.Asmuth,   G.L.Green,
               S.C.Hsu,   R.J.Kolczynski,J.R.Mateyand
               S.E.McBride, A machine vision system for
               iris recognition. Machine Vision and
               Applications, 9, 1-8, 1996.
[WAGHKMM98]   R.P.Wildes,   J.C.Asmuth,   G.L.Green,
               S.C.Hsu., R.J.Kolczynski, J.R.Matey and
               S.E.McBride, Automated non-invasive iris
               recognition system and method II. US
               Patent 5, 751, 836, 1998.
[WAHKMM96]   R.P.Wildes,   J.C.Asmuth,   S.C.Hsu.,

R.J.Kolczynski, J.R.Matey and S.E.McBride, Automated non-invasive iris recognition system and method. US Patent 5, 572, 596, 1996.

[WAYM00] J. Wayman, A definition to biometrics National Biometric Center Colected Works 1997-2000, San Jose State University, 2000

[WAYM03] J.L.Wayman, Multi-finger penetration rate and ROC variability for automatic fingerprint identification systems, in N.Ratha and R. Bolle (eds), Automatic Fingerprint Recognition Systems. Springer-Verlag, 2003.

[WEGS70] J. Wegstein, Automated fingerprint identification. Technical Note 538, Center for Computer Sciences and Technology, National Bureau of Standards, Washington , DC, August 1970.

[WILD97] R.P.Wildes, Iris recognition: an emerging biometric technology.Proc.IEEE, 85(9), 1348-1363, 1997.

[WJMM05] J.Wayman, A.Jain,D.Maltoni,D.Maio, "Biometric Systems- Technology, Design and Performance Evaluation", Springer, 2005

[YANG02] M.H.Yang, Kernel eigenfaces vs.kernel Fisherfaces: face recognition using kernel methods.Proc. Fifth International Conference on Automatic Face and Gesture Recognition, Washington DC, May, 2002.

Resurse Web

1. http://apologeticum.wordpress.com/2009/01/07/cipurile-rfid-si-monitorizarea-totala/
2. http://www.capital.ro/detalii-articole/stiri/barclays-introduce-tehnologia-de-voce-biometrica-182810.html
3. http://dsplabs.utt.ro
4. http://edition.cnn.com/2008/TECH/12/12/digitalbiz.biometrics/
5. http://en.wikipedia.org/wiki/Identity_document
6. http://epic.org/privacy/id-cards/epic_realid_0508.pdf
7. http://ro.wikipedia.org/wiki/Biometrie
8. http://ro.wikipedia.org/wiki/Cod_de_bare
9. http://www.civicmedia.ro
10. http://www.ddg.ro/nitgen.htm
11. http://www.fbi.gov/hq/cjisd/iafis/efts70/cover.htm
12. http://www.fbi.gov/hq/cjisd/ident.htm
13. http://www.frvt.org/
14. http://www.interpol.int/Public/Forensic/fingerprints/Refdoc/default.asp
15. http://www.itl.nist.gov/iad/894.03/fing/fing.html ”
16. http://www.libertycoalition.net/how-rfid-tags-could-be-used-track-unsuspecting-peo
17. http://www.nist.gov/speech/tests/spk/2001/doc/
18. http://www.nuance.com/naturallyspeaking/
19. http://www.php.net/manual/en/ref.image.php
20. http://www.ravirajtech.com/iris-recognition-biometric-authentication-information.html
21. http://www.razbointrucuvant.ro
22. http://www.razbointrucuvant.ro/2009/04/03/pr-mihai-valica-interventie-salutara-pentru-alternativa-inechitabila/
23. http://www.sciam.com/article.cfm?id=how-rfid-tags-work
24. http://www.ziua.net/news.php?data=2009-04-03&id=24811
25. http://www.ziua.net/news.php?data=2009-04-03&id=24811

Periodice/brosuri

1   Presa ortodoxă nr.2 anul 2009 „Actele de identitate cu cip – zorii unei noi dictaturi " pag32-38.

2   Extras din "Pași grabiți spre o dictatură globală – Suntem cu ochii pe voi" editată de Fundația "Sfinții martiri Brâncoveni" - Suceava

EDITURA LUMEN
Str. Ţepeş Vodă, nr.2, Iaşi

www.edituralumen.ro
www.librariavirtuala.ro

Printed in EU